UMA EPOPEIA BRASILEIRA
a Coluna Prestes

ANITA LEOCADIA PRESTES

UMA EPOPEIA BRASILEIRA
a Coluna Prestes

2ª edição

EDITORA
EXPRESSÃO POPULAR

São Paulo • 2009

Copyright © 2009, by Editora Expressão Popular

Revisão
Geraldo Martins de Azevedo Filho e Ricardo Nascimento Barreiros

Projeto gráfico, diagramação e capa
ZAP Design

Pesquisa iconográfica
Anita Leocadia Prestes - as fotos ou mapas sem créditos pertencem a autora

Impressão e acabamento
Paym

Edição revista pela autora

Dados Internacionais de Catalogação-na-Publicação (CIP)

P936e	Prestes, Anita Leocadia Uma epopeia brasileira: a Coluna Prestes / Anita Leocadia Prestes / Anita Leocadia Prestes. –2.ed. – São Paulo : Expressão Popular, 2009. 144 p. : tab. Indexado em GeoDados - http://www.geodados.uem.br ISBN 978-85-7743-108-3 1. Brasil – História – Coluna Prestes –1924-1927. 2. Tenentismo – Brasil. 3. Prestes, Luís Carlos, 1898 -1990. I. Título. CDD 981.077

Bibliotecária: Eliane M. S. Jovanovich CRB 9/1250

Todos os direitos reservados.
Nenhuma parte deste livro pode ser utilizada
ou reproduzida sem a autorização da editora.

2ª edição: julho de 2009
2ª reimpressão: fevereiro de 2022

EDITORA EXPRESSÃO POPULAR
Rua Abolição, 197 – Bela Vista
CEP 01319-010 – São Paulo – SP
Tel: (11) 3112-0941 / 3105-9500
livraria@expressaopopular.com.br
www.expressaopopular.com.br
🅕 ed.expressaopopular
🅞 editoraexpressaopopular

SUMÁRIO

Introdução 9

Os 18 do Forte 13

O tenentismo: fruto da crise da República Velha 25

A rebelião de 1924 em São Paulo 39

O levante no Rio Grande do Sul 49

A organização inicial da Coluna 59

O rompimento do cerco de São Luís e a marcha para o Norte 67

A travessia de Santa Catarina e Paraná e a incorporacão dos
rebeldes paulistas à Coluna 75

A passagem por Mato Grosso, Minas e Goiás e
a reorganizacão da Coluna 87

A Coluna no Norte e Nordeste 103

A travessia da Bahia, a marcha para o exílio e o fracasso do
combate governista à Coluna 119

Conclusão 129

Cronologia 139

Bibliografia comentada 143

aos jovens de hoje

Introdução

Coluna de mil guerrilhas
sempre vence e nunca apanha
(...)
Que medida para medir
os teus feitos de andarilha
de 26 mil quilômetros
teu roteiro e tua trilha?
Combates, 53,
sem cair numa armadilha.
Vencidos foram dezoito
generais. Só de guerrilhas,
mais de mil Brasil em fora.
(...)
Que medida para medir
esse caminho de esperanças
e lutas que abriu tão fundas
sementeiras de lembranças
e lições para teu povo?
Coluna, tu és a herança
que os pais transmitem aos filhos
como abc de criança.
Cartilha de toda hora.
(Jacinta Passos, "A Coluna")

É impossível entender a década de 1920 no Brasil e os acontecimentos que iriam desembocar na chamada "Revolução de 30" sem considerar o tenentismo e, em particular, a Coluna Prestes, episódio pouco conhecido pelas novas gerações. A bibliografia sobre a Coluna Prestes não só é diminuta como também, até recentemente,[1] inexistiam pesquisas sobre o tema, apoiadas no exame de documentos originais da época. Na verdade, esse fato histórico esteve relegado ao esquecimento durante décadas, tanto no Brasil quanto no exterior.

Chama a atenção a ausência quase total de uma contribuição efetiva dos participantes da própria Coluna, principalmente dos seus comandantes, para o conhecimento e compreensão do episódio. À exceção dos livros de memórias deixados por Juarez Távora e João Alberto Lins de Barros e do depoimento publicado de Osvaldo Cordeiro de Farias – que, na verdade, pouco oferecem para o esclarecimento da história da Coluna Prestes –, os chefes do movimento praticamente foram omissos a respeito do seu próprio passado.[2]

A pobreza da contribuição de alguns dos principais protagonistas da Coluna Prestes para a história contrasta com as possibilidades de que eles dispuseram, a partir da vitória do movimento de 1930, para patrocinar e incentivar a pesquisa do episódio. Basta dizer que Juarez Távora, Osvaldo Cordeiro de Farias e João Alberto Lins de Barros permaneceram durante anos no poder ou próximo dele, gozando de grande influência e prestígio por largos períodos de suas vidas. Se tivessem revelado interesse, poderiam ter concorrido para que a Coluna Prestes fosse estudada e contasse hoje com uma ampla bibliografia.

Parece evidente, portanto, que houve o propósito deliberado de relegar a Coluna e seus feitos ao esquecimento e, ao mesmo tempo,

---

[1] Em 1990, foi publicada a primeira obra de pesquisa acadêmica sobre a Coluna Prestes, de autoria de Anita Leocadia Prestes (ver a bibliografia comentada, no final deste volume).

[2] Ver os títulos na bibliografia comentada.

permitir que o seu conteúdo real acabasse esvaziado, deturpado e manipulado pelos donos do poder ao longo dos anos que se seguiram à vitória da "Revolução de 1930".

A ruptura de Luiz Carlos Prestes com os "tenentes", em 1930, e a sua adesão aos ideais comunistas podem explicar muita coisa. A partir daquele momento, quase todos os seus antigos companheiros – que já estavam comprometidos, em·maior ou menor grau, com Getúlio Vargas – viraram-lhe as costas, tendo-se integrado no movimento de 1930 e, posteriormente, servido ao poder estabelecido com a derrocada da República Velha.

No entanto, é impossível sequer citar a Coluna sem fazer referência a Prestes e ao seu papel destacado. A Coluna estava identificada com Prestes. E Prestes, a partir de 1930, estava identificado com o comunismo e a União Soviética. Por essa razão, os donos do poder e seus mais novos colaboradores, os antigos "tenentes", consideraram necessário destruir o mito do "Cavaleiro da Esperança" – um mito que eles próprios haviam ajudado a criar e a difundir, enquanto isso correspondeu aos seus interesses políticos.

As ideias comunistas encontrariam, no Brasil, uma forma original de difusão: por intermédio de Luiz Carlos Prestes, a figura de maior destaque e principal liderança do movimento tenentista, elas atingiam setores sociais que o débil Partido Comunista do Brasil (PCB) não tinha condições de influenciar. E esse fato assustava os donos do poder.

Para os vitoriosos de 1930, tratava-se, pois, de travar um combate sem tréguas contra o comunismo e também contra Prestes. Para isso, era preciso silenciar a história da Coluna e, pouco a pouco, ir desfigurando o seu verdadeiro conteúdo. Com o correr dos anos, seria deturpado o significado da Coluna Prestes e do próprio tenentismo em geral.

A Coluna Prestes era uma lembrança incômoda e perigosa: não só o seu principal comandante e líder de indiscutível prestígio nacional se tornara comunista, como a Coluna também representava um exemplo de luta armada que a classe dominante não conseguira esmagar, apesar da superioridade militar e logística das forças lançadas contra os rebeldes. Pela primeira vez na história do Brasil, um movimento de rebeldia contra o poder constituído não fora derrotado.

"Esquecer" a verdade sobre a Coluna Prestes e o tenentismo. Esse foi o expediente adotado pelos donos do poder com o objetivo de criar uma história oficial, capaz de contribuir para a justificação da política dominante. A partir de 1964, os governos da ditadura militar se auto-proclamaram os continuadores dos ideais tenentistas, falseando tanto a história do tenentismo quanto o real conteúdo do golpe militar desfechado, naquele ano, contra as forças democráticas e populares do país.

O objetivo deste livro é resgatar, para os jovens de hoje, a história da Coluna Prestes e, em alguns aspectos, do tenentismo, apresentando a versão dos acontecimentos que, na medida do possível, mais se aproxima da realidade.

Os 18 do Forte

Eles eram tão moços! E lá fora,
O mundo, a vida, o amor, tanta ilusão!
Que anseios de viver, de se ir embora,
Cada um não sufocou no coração!

Por que enfim esse gesto? essa vergonha
Da derrota final?
Ah, brava mocidade que ainda sonha
E morre pelo Ideal!

Quando lemos essas estrofes do poema "Os 18 do Forte", publicado sem assinatura[3] no jornal carioca *Correio da Manhã*, de 22 de julho de 1922, ficamos comovidos com a vibração e o entusiasmo do autor ao escrever sobre aqueles moços que morreram por um ideal. Mas quem foram eles? À época, falava-se de 18 jovens que, em plena praia de Copacabana, enfrentaram de peito aberto a sanha das tropas governistas, muito mais numerosas e bem armadas, não vacilando em morrer pelo ideal que haviam abraçado.

O levante de várias unidades militares sediadas no Rio de Janeiro, então capital da República, e em outros pontos do país estava marcado para o dia 5 de julho de 1922. Mas, devido à desorganização do movimento e às vacilações de muitos dos seus participantes, a maior parte da oficialidade comprometida com

---

[3] Mais tarde ficou-se sabendo que era de autoria do poeta gaúcho Scharffenberg de Quadros.

a conspiração acabou descumprindo a combinação feita com os seus camaradas..

Nos Estados, apenas em Campo Grande (Mato Grosso) e Niterói (Rio de Janeiro) ocorreram tentativas de levantes militares, prontamente sufocados. Na capital da República, a revolta da Escola Militar do Realengo fracassou logo, e a Vila Militar sequer chegou a se levantar.

A única unidade militar que efetivamente se rebelou no dia marcado foi a do Forte de Copacabana, situado numa das extremidades da famosa praia carioca. Após mais de 24 horas de hostilidades abertas entre os rebeldes e as tropas do governo, o comandante do forte, capitão Euclides Hermes da Fonseca, deixou a fortaleza, autorizado por seus companheiros, para buscar um entendimento com as autoridades. Mas o presidente Epitácio Pessoa não aceitou negociar com os militares revoltados de armas na mão. Mandou prender o capitão Euclides, que, por telefone, comunicou ao tenente Antônio de Siqueira Campos, que ficara à frente dos rebeldes, a exigência governista de rendição incondicional.

Siqueira Campos desligou violentamente o telefone e, diante do intenso bombardeio ao Forte de Copacabana, atacado simultaneamente por terra, mar e ar, reuniu os companheiros. Relatou-lhes a situação e proclamou: "Quem quiser, pode ir embora; os restantes, resistiremos!" Ao todo, ficaram 18 (embora hoje não se tenha certeza da exatidão desse número). A bandeira nacional foi retirada do mastro daquela fortaleza, dividida em 18 pedaços e repartida entre os últimos defensores da cidadela rebelde, antes de a abandonarem. No relato do poeta Scharffenberg de Quadros:

> Poetas e heróis, à hora derradeira,
> Como uma só mortalha ter quiseram,
> Tomaram, soluçando, da bandeira
> E em dezoito pedaços a fizeram...

(...)
E eles foram lutar em campo aberto,
O peito, não de ferro, mas de ralos
pedaços de bandeira só coberto...
Que torpeza insultá-los!

Foram, sim, mas tão belos, tão risonhos
Quais bravos paladinos de outras eras,
Oferecer à morte os pobres sonhos
De suas infelizes primaveras!

Saíram os 18 heroicos combatentes, de peito a descoberto, pela praia de Copacabana, ao encontro das tropas governistas que marchavam em direção ao forte. Pelo caminho receberam a adesão de um civil solidário com a rebelião – o jovem estudante Otávio Correia – e o apoio emocionado de populares que lhes mitigaram a sede. Dispostos a enfrentar os disparos inimigos, os rebeldes repudiaram a ordem de rendição. Manchando de sangue as alvas areias de Copacabana, os 18 heróis foram trucidados. Nas palavras do poeta, "bateram-se dezoito contra mil..."

Apenas dois conseguiram sobreviver, embora gravemente feridos: os tenentes Antônio de Siqueira Campos e Eduardo Gomes. Entre os mortos estavam outros dois tenentes: Mário Cárpenter e Newton Prado.

Esses nomes, envoltos numa auréola de glória, acabaram se tornando símbolo de bravura. Repercutiram por todo o Brasil, apesar do estado de sítio e da censura à imprensa, decretados pelo Congresso Nacional em atendimento servil às solicitações do presidente Epitácio Pessoa.

O poema "Os Dezoito do Forte" foi escrito e publicado sob o impacto da comoção nacional duas semanas após esses trágicos acontecimentos. Ele apareceu no Correio da Manhã, um jornal declaradamente oposicionista, o que provocou a intensificação da censura sobre as matérias veiculadas nesse combativo órgão da imprensa.

Ao mesmo tempo, as prisões enchiam-se de jovens que haviam conspirado e tentado levantar-se, como fora o caso dos alunos da Escola Militar do Realengo, todos expulsos da Escola. Muitos civis, que tinham participado do levante junto com os militares, também foram presos.

Mas, por que os 18 heróis do Forte de Copacabana decidiram dar a vida por um ideal? Que ideal era esse?

Os revoltosos do Forte de Copacabana. Acompanhados por populares e à frente dos soldados, marcham, a partir da esquerda, Eduardo Gomes, Mário Cárpenter, Newton Prado e o civil Otávio Correia

Os tenentes Eduardo Gomes e Antônio de Siqueira Campos, os únicos sobreviventes do combate

Luiz Carlos Prestes, primeiro-tenente na Companhia Ferroviária de Deodoro, no Rio de Janeiro
Participou ativamente da conspiração preparatória do levante de 5 de julho de 1922, não tomando parte no combate por estar acamado, com tifo

OS REBELDES QUERIAM LIBERDADE

Em 1º de março de 1922, haviam se realizado eleições para a sucessão presidencial. Como costumava ocorrer, o candidato das forças oposicionistas, o fluminense Nilo Peçanha, foi derrotado pelo político comprometido com o esquema situacionista, no caso Artur Bernardes, governador de Minas Gerais.

Na República Velha (1889-1930), as eleições eram feitas "a bico de pena": além de a votação acontecer a descoberto, na frente de todo mundo, existiam listas pré-fabricadas de eleitores, incluindo até mortos e pessoas que sequer existiam. Os "coronéis" do interior, senhores todo-poderosos de terras e donos da "situação", obrigavam pela força os membros de sua clientela a votarem nos seus candidatos, ou, mais simplesmente, limitavam-se a preencher os boletins eleitorais com os nomes dos seus escolhidos. E, se alguém ousasse reclamar, era imediatamente eliminado pelos capangas a serviço do "coronel". Tratava-se do célebre "voto de cabresto". Nas cidades a situação não era muito diferente. Dentro desse sistema, que atingia praticamente todo o país, não ficava difícil para os donos do poder ganhar as eleições.

Os jovens rebeldes queriam liberdade. Desejavam eleições livres e limpas, que permitissem a vitória dos candidatos de oposição, quase sempre derrotados nos pleitos fraudulentos da República Velha. Queriam a moralização dos costumes políticos, corrompidos pelos políticos venais que governavam o país. Desejavam que os direitos dos cidadãos, consagrados na Constituição de 1891, fossem respeitados. Pleiteavam o voto secreto, como garantia da liberdade de escolha do eleitor. Queriam, enfim, "representação e justiça", ou seja, o saneamento da vida pública nacional.

Durante a campanha eleitoral de 1922, que se iniciara no ano anterior, organizou-se uma importante coligação eleitoral em torno da candidatura de Nilo Peçanha. Era a chamada "Reação Republicana", cuja campanha conseguiu empolgar os habitantes das grandes cidades do país. A população estava cansada de suportar os desmandos dos governos eleitos "a bico de pena" e insatisfeita com a situação econômica – carestia, desemprego, falta de moradia para o povo etc. –, situação esta agravada pelos efeitos da I Guerra Mundial.

A jovem oficialidade do Exército, composta principalmente de tenentes e capitães, e alguns elementos da Marinha se mostraram sensíveis à campanha da Reação Republicana e aos apelos do candidato Nilo Peçanha. A adesão entusiástica dos militares a essa candidatura teve uma razão adicional: o famoso episódio das "cartas falsas". Em outubro de 1921, o *Correio da Manhã* publicou duas cartas, atribuídas ao candidato oficial Artur Bernardes, que continham violentos ataques aos militares, acusando-os inclusive de corruptos. Embora não tardasse muito para se verificar que as cartas haviam sido falsificadas, sua divulgação causou um forte impacto na oficialidade do Exército, provocando reações de violenta indignação. Eram os brios militares que estavam em questão; os oficiais sentiram-se feridos em sua própria honra.

Alguns círculos militares vinham trabalhando a favor da candidatura do marechal Hermes da Fonseca, que havia sido presidente da República no quadriênio 1910-1914 e gozava de grande prestígio no Exército. Porém, com o caso das "cartas falsas", a maior parte da oficialidade resolveu apoiar Nilo Peçanha, que tinha mais condições de unir as oposições naquele momento. O político fluminense incluiu em sua plataforma eleitoral as demandas militares, entre as quais se destacava a nomeação de militares para os ministérios da Guerra e da Marinha; Epitácio Pessoa havia convidado civis para essas pastas, provocando forte descontentamento nas Forças Armadas.

Com a adesão dos militares, a campanha da Reação Republicana atingiu grandes proporções nas principais cidades do Brasil.

Mas a jovem oficialidade desconfiava que a vitória da oposição seria muito difícil, se fosse mantido o sistema eleitoral em vigor na República Velha. Por isso, passou a conspirar nos quartéis e nos navios, assim como na Escola Militar. Essa atividade conspirativa também envolveu

Campanha da Reação Republicana. Manifestações populares nos três eventos, destaca-se a participação de militares fardados.

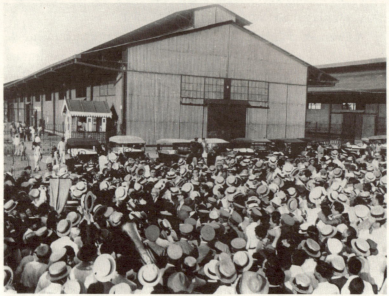

Manaus-AM

Belém-PA

Rio de Janeiro -RJ

muitos civis. O próprio Nilo Peçanha tomou conhecimento de que se preparava um levante militar, caso a oposição perdesse a eleição.

Finalmente, com a derrota de Nilo Peçanha nas eleições presidenciais de 1º de março de 1922 e o reconhecimento pelo Congresso Nacional de Artur Bernardes como presidente eleito, a ser empossado no dia 15 de novembro do mesmo ano, os jovens tenentes e capitães aceleraram os preparativos do levante. A prisão do marechal Hermes da Fonseca, presidente do Clube Militar[4] – provocada por seu apoio aberto aos militares da guarnição de Pernambuco, revoltados com os desmandos da política local –, precipitou a eclosão da rebelião para o dia 5 de julho. Visava-se impedir a posse do novo presidente, escolhido em pleito ilegítimo, em que a vontade da maioria dos

---

[4] Clube Militar: Criado em 1887, consolidou-se como importante ponto de reunião da oficialidade do Exército que conspirou e participou da proclamação da República. Antes disso, já havia desempenhado um papel de destaque nas lutas abolicionistas. Durante a República, tornou-se cenário de grandes disputas políticas.

eleitores havia sido visivelmente desrespeitada. Para os rebeldes, só restara uma solução: pegar em armas e alcançar pela força o que era impossível conseguir pela via eleitoral, ou seja, levar Nilo Peçanha à Presidência da República.

O candidato da Reação Republicana, uma vez empossado pelos rebeldes, que contavam com a simpatia da opinião pública nacional, deveria pôr em prática um programa de moralização dos costumes políticos e de atendimento às demandas dos militares, conforme as promessas feitas durante a campanha que promovera pelo Brasil afora. Esse era o sonho dos jovens militares, que, mais tarde, ficariam conhecidos como os "tenentes".

Não bastou, contudo, lutar heroicamente por um ideal para conquistar a vitória desejada. O fracasso do chamado "primeiro 5 de julho" – ou seja, das revoltas tenentistas de julho de 1922 – demonstrou que, não obstante o inegável heroísmo daqueles 18 revolucionários e a grande disposição de luta de muitos jovens militares e civis, o mo-

Comitiva presidencial diante da Biblioteca Nacional, no dia da posse de Artur Bernardes na Presidência da República

Em 15 de outubro de 1921, Bernardes apresentou, no Rio de Janeiro, sua plataforma de governo. Na ocasião, o jornal *A Rua* causou escândalo ao estampar, em sua primeira página, uma caricatura alusiva a uma canção em moda, depreciativa do candidato

vimento de rebeldia contra a situação política do país ainda era débil, desorganizado e desarticulado.

Mas o impacto causado pelo gesto daquele punhado de jovens, massacrados pelas tropas governistas em plena praia de Copacabana, seria duradouro. A chama da rebeldia tenentista tão cedo não seria apagada, apesar da violenta repressão desencadeada contra todos os que se opunham tanto ao governo de Epitácio Pessoa quanto ao do novo presidente Artur Bernardes, afinal empossado, conforme o previsto, no dia 15 de novembro de 1922.

O espírito de revolta continuava vivo nos corações e mentes da juventude militar e dos seus correligionários civis. Novas conspirações e novos levantes seriam preparados.

O tenentismo:
fruto da crise da República Velha

Qualquer que tenha sido a causa defendida
Se o for sinceramente, acatai-a, soldados!
Mais nobre que coroar heróis afortunados,
É exaltar o que deu, por seu Ideal, a vida...
(Scharffenberg de Quadros, *"Os Dezoito do Forte"*)

A REPÚBLICA VELHA EM CRISE

A produção de café no Vale do Rio Paraíba, nas então províncias[5] do Rio de Janeiro e de São Paulo, havia sido a base de sustentação econômica do Império brasileiro durante o século 19. Com a decadência da cafeicultura do Vale do Paraíba e a crescente prosperidade dos cafeicultores do Oeste de São Paulo, o regime monárquico de D. Pedro II transformou-se num trambolho histórico.

Os fazendeiros de café do Oeste de São Paulo – o setor mais próspero da chamada "oligarquia[6] paulista" – desejavam maior autonomia para a sua província, que se tornara a mais rica do país, mas tinha grande parte de suas rendas, provenientes das exportações de café, confiscada pelos impostos recolhidos pelo governo imperial.

---

[5] Província: No Segundo Império, cada uma das grandes divisões administrativas, que tinham por chefe um presidente. Com a República, as províncias passaram a ser denominadas "Estados" e, algum tempo depois, os presidentes se transformaram em governadores.

[6] Oligarquia: Grupo dominante local (estadual) que usa o seu predomínio econômico para exercer o controle do âmbito político.

Para esse setor da cafeicultura paulista, o federalismo (entendido como maior autonomia para as províncias, o que viria a beneficiá-lo diretamente) tornou-se a principal reivindicação e bandeira de luta. Inspirados no modelo da República Federativa dos Estados Unidos da América do Norte, os prósperos fazendeiros do Oeste de São Paulo perceberam que, no Brasil, o regime republicano federativo poderia garantir a tão almejada autonomia provincial. Por essa razão, resolveram apoiar os militares que proclamaram a República em 15 de novembro de 1889 e dirigiram o país nos cinco anos seguintes.

Os dois primeiros governos republicanos, presididos respectivamente pelos marechais Deodoro da Fonseca e Floriano Peixoto, caracterizaram-se por uma grande instabilidade política. Isso só contribuiu para que a oligarquia paulista tratasse de assumir o poder integralmente. Em novembro de 1894, com a posse do paulista Prudente de Morais na Presidência da República, os prósperos cafeicultores de São Paulo passaram a ser a força hegemônica no poder central do país.

Fazia-se necessário, contudo, compatibilizar os interesses da oligarquia paulista com as conveniências locais das diversas oligarquias regionais e, em primeiro lugar, da oligarquia de Minas Gerais, o Estado mais populoso da União, que contava com o maior eleitorado e cuja importância econômica e política não podia ser desprezada.

Durante o governo do paulista Campos Sales (1898-1902), foi posta em prática a famosa "política dos governadores", um pacto fundamentado na aceitação da hegemonia paulista em nível nacional em troca do reconhecimento da autonomia das oligarquias em âmbito local. Em outras palavras: a "política dos governadores" significava que, por meio da fidelidade de suas bancadas no Congresso Nacional, os governadores dos Estados davam apoio ao presidente da República e, em troca, este assumia o compromisso de "respeitar" os resultados das eleições fraudulentas que garantiam a escolha dos governadores em seus respectivos Estados. Forjou-se desse modo a combinação da

Constituição de 1891, teoricamente baseada no federalismo, com uma prática apoiada no poder dos "coronéis" e no atendimento das exigências dos grupos oligárquicos locais.

Assim, o poder no Brasil ficou dividido entre as oligarquias dos Estados, representadas pelos partidos republicanos estaduais, e a luta política passou a ser travada entre essas diferentes facções da classe dominante, compostas pelos donos de terras ou seus elementos de confiança. O povo continuou, como antes, ausente da vida da nação.

Se, nas primeiras décadas do regime republicano, o domínio paulista foi praticamente absoluto, com o tempo essa hegemonia começou a ser contestada por setores oligárquicos menos favorecidos e que se sentiam prejudicados com a forma de funcionamento do pacto em vigor.

Na verdade, a base econômica da hegemonia paulista durante a República Velha – constituída pelas atividades de produção e exportação do café – mostrou-se frágil e vulnerável às variações da economia mundial e do mercado internacional. A própria política do governo federal, voltada para o favorecimento da cafeicultura paulista, contribuiu para agravar o problema da crescente superprodução do café: graças aos incentivos governamentais, cada vez se produzia mais café, mas não havia para quem vendê-lo. O café excedente era comprado pelos governos dos Estados que o produziam (São Paulo, Minas Gerais e Rio de Janeiro), cujos estoques do produto aumentavam assustadoramente, enquanto os lucros dos cafeicultores ficavam garantidos. E o povo pagava a conta, pois essa política de valorização do café levava à desvalorização da moeda brasileira e ao aumento dos preços dos produtos de consumo popular. A economia do país, ancorada na agroexportação de alguns poucos produtos como o café, a borracha, o algodão e o cacau, dependia, em grande medida, das oscilações do mercado internacional. Assim, nos momentos de crise do capitalismo mundial, a economia brasileira também era duramente afetada.

As sucessivas crises de superprodução do café, alimentadas pela política governamental de favorecimento dos cafeicultores, acabaram levando o país a uma crise profunda, que extrapolou o âmbito econômico, atingindo também as esferas social, política, ideológica e cultural. Isso colocou em xeque os próprios fundamentos do poder das oligarquias agrárias.

Mesmo tendo se aliado à oligarquia de Minas Gerais, cuja principal atividade econômica passara a ser a pecuária leiteira, os cafeicultores paulistas encontravam dificuldades para manter sua posição hegemônica no governo federal. Durante vários mandatos presidenciais, havia vigorado um acordo de alternância no poder de presidentes paulistas e mineiros – era a chamada "política do café com leite". Mas, no início dos anos de 1920, um período de recessão nos Estados Unidos e na Europa provocou uma queda brusca dos preços do café no mercado internacional, situação agravada por uma grande safra do produto no Brasil. Diante dessa conjuntura, a política dominante passou a ser questionada pelos mais diversos setores da sociedade brasileira.

Com a crise econômica, acentuou-se a carestia, aumentou o desemprego e cresceram as dificuldades de todo o tipo para amplos setores da população. O processo de industrialização e urbanização, em curso no país, havia gerado uma sociedade mais complexa e diversificada, em que novas forças sociais e políticas começavam a exigir o atendimento de suas reivindicações. Não só os grupos oligárquicos marginalizados pela hegemonia paulista buscavam formas de articulação e pressão, visando a sua participação nas decisões políticas e econômicas governamentais, como também o proletariado e as camadas médias urbanas passavam a tentar influir nos acontecimentos políticos, ensaiando novas formas de mobilização e organização.

O sistema oligárquico de dominação, implantado com a República, começava a desmoronar. Os setores dominantes estavam divididos. O monolitismo da "política do café com leite" descontentava a todos. Para as massas populares, tradicionalmente alijadas de qualquer participação na definição dos destinos do país, a atmosfera tornara-se irrespirável. Ninguém aguentava mais a camisa de força do regime político vigente na República Velha. Durante a década de 1920, a situação política iria se agravar, passando por várias etapas de um processo de aguçamento crescente das contradições sociais e políticas, que terminaria por levar as instituições oligárquicas ao colapso final na crise mundial de 1929-1930.

POR QUE OS "TENENTES"?

A insatisfação no país era geral, mas foi a jovem oficialidade do Exército e da Marinha que assumiu a liderança das oposições. Por quê?

O movimento operário, embora houvesse crescido e revelado um alto grau de combatividade no final dos anos de 1910, incluía um setor numericamente restrito da população e existia como tal apenas em alguns centros urbanos mais importantes. No início da década de 1920, estava em descenso, pois acabara de ser vítima da violenta repressão desencadeada pelo governo contra suas principais lideranças, dentre as quais destacavam-se os elementos anarcossindicalistas.[7] Quanto aos comunistas, apesar de já terem criado o PCB, contavam com uma organização débil, muito perseguida pela Polícia. O movimento operário não tinha condições, portanto, de assumir um papel de liderança na luta política que sacudia o país.

As oligarquias dissidentes haviam sido derrotadas nas eleições de março de 1922, quando as forças aglutinadas na Reação Republicana chegaram a entusiasmar as populações das grandes cidades com seu

---

[7] Anarcossindicalismo: Importante corrente ideológica e política no movimento operário brasileiro, no início do século 20. Pregava a abolição do Estado e encarava o sindicato como um instrumento para a ação libertária e o núcleo básico de organização da sociedade futura. Acreditava que o caminho para a criação da nova sociedade seria aberto pelas greves e boicotes econômicos.

discurso oposicionista. Não estavam dispostas, contudo, a recorrer às armas contra os governos de Epitácio Pessoa ou de Artur Bernardes. Suas atitudes pautaram-se sempre pela prudência e moderação, o que se tornou evidente no episódio do "primeiro 5 de julho". Mesmo tendo participado, em alguns casos, das conspirações tenentistas ou mantido contato com os conspiradores, os políticos pertencentes aos setores oligárquicos dissidentes trataram de se descomprometer com aqueles acontecimentos, tão logo se configurou a derrota. No máximo, no caso de Nilo Peçanha, foi expressada uma solidariedade verbal aos revolucionários de julho – como os próprios "tenentes" se autointitulavam. Esses políticos da classe dominante não se dispunham a liderar o chamado "processo revolucionário". Preferiam o caminho dos entendimentos e das manobras políticas, métodos tradicionalmente empregados pelas classes dominantes no Brasil, cujo temor de qualquer participação popular é bem conhecido.

A esmagadora maioria da nação era composta pelas populações rurais, submetidas ao domínio dos "coronéis", que mantinham seu poder graças ao funcionamento da "política dos governadores". Elas viviam num mundo à parte, sem poder influir na vida política nacional. Estavam sujeitas ao sistema do voto de cabresto, depositado nas urnas a mando do chefe político local, do qual eram totalmente dependentes. Não havia como esperar que viesse a surgir dos setores rurais um movimento que questionasse o poder das oligarquias dominantes.

O empresariado industrial vinha crescendo e adquirindo feição própria, com interesses próprios a defender. Mas continuava, pela sua origem, profundamente ligado aos setores oligárquicos, o que lhe impedia de assumir uma postura independente e, menos ainda, de contestação ante os grupos dominantes. Suas posições políticas, no fundamental, confundiam-se com as dos setores oligárquicos, aos quais, em geral, pertenciam seus representantes.

As camadas médias urbanas haviam se tornado mais numerosas e diversificadas. Englobavam amplos setores populacionais, principalmente das grandes cidades, tanto na área dos serviços públicos e privados, quanto na burocracia estatal, no meio da intelectualidade e dos profissionais liberais. Esses setores tendiam a adotar um comportamento caudatário em relação às oligarquias, revelando-se incapazes de formular uma proposta independente de luta. Entretanto, naquele momento de grave crise, como a que abalava o país no início dos anos de 1920, mostraram-se profundamente insatisfeitos com a falta de liberdade e as limitadas possibilidades de influir na vida política. Predispunham-se, então, à revolta e a apoiar ações radicais contra o poder oligárquico.

Nenhum setor social era mais sensível às influências do crescente clima de revolta geral do que as camadas médias urbanas. Faltavam-lhes, contudo, organização e capacidade de arregimentação para assumir a direção do processo revolucionário. Não contavam sequer com partidos políticos que pudessem conduzi-las à luta pela conquista

Passeata contra a fome. Rio de Janeiro, 1923

de maiores espaços no sistema político, permitindo-lhes influir nos acontecimentos e na vida nacional.

Foi nesse contexto de ausência de forças sociais ou políticas capazes de capitalizar o clima revolucionário existente, transformando o descontentamento generalizado em ação política contra os grupos dominantes, que os "tenentes" assumiram papel de destaque.

Como observou o historiador Caio Prado Júnior:

> Se são militares que formam na vanguarda do movimento de regeneração política do Brasil, é que suas armas lhes davam a possibilidade de agir; e não estava ainda em condições de substituí-los a ação das massas populares, desorganizadas e politicamente inativas. Os 'tenentes' assumirão por isso a liderança da revolução brasileira.[8]

O tenentismo veio preencher um espaço: o vazio deixado pela falta de lideranças civis aptas a conduzirem o processo revolucionário brasileiro, que começava a sacudir as já caducas instituições políticas da República Velha. Os "tenentes" substituíram os inexistentes partidos políticos de oposição aos governos oligárquicos de Epitácio Pessoa e Artur Bernardes.

Mas, por que os "tenentes"?

Na verdade, o clima revolucionário instalado no Brasil causou um forte impacto na juventude militar, que, tanto pela sua origem social quanto pelas suas condições de vida, estava estreitamente ligada às camadas médias urbanas, sofrendo sua influência e participando do processo geral de radicalização de tais setores.

Os "tenentes" reuniam uma série de condições específicas, que permitiram sua transformação na vanguarda política da luta contra o domínio oligárquico dos cafeicultores de São Paulo e de seus aliados. Além de disporem de armas, estavam organizados numa instituição

---

[8] PRADO JÚNIOR, Caio. "Prefácio". *In* MOREIRA LIMA, Lourenço. *A Coluna Prestes – marchas e combates.* 3ª ed., São Paulo, Alfa-Omega, 1979, p. 14.

de caráter nacional – as Forças Armadas –, o que lhes propiciava o estabelecimento de contatos em todo o país, fator de grande importância, considerando a desarticulação dos demais setores populacionais. Além disso, os "tenentes" não só eram numericamente majoritários dentro do Exército, como também tinham um nível cultural acima da média existente no país. Isso lhes facilitava assumir a liderança das massas urbanas, ansiosas por encontrar quem as pudesse conduzir no processo de radicalização política. Nesse contexto de grande efervescência, a juventude dos "tenentes" também contribuiu para que eles se dispusessem a participar de uma aventura, de uma revolta, enfim, de uma revolução que, aos seus olhos, aparecia como a única solução, naquele momento, para os graves problemas vividos pelo povo brasileiro.

Os jovens revolucionários expressaram a imensa insatisfação com o domínio oligárquico (cuja expressão máxima se traduzia na "política do café com leite"), que germinava na opinião pública nacional. Nas condições da década de 1920, o tenentismo acabou sendo a revolta possível contra o sistema de dominação existente na República Velha. Era fruto da crise da República Velha.

O LIBERALISMO[9] RADICAL DOS "TENENTES"

Naqueles longínquos anos de 1920, havia uma constante movimentação da jovem oficialidade do Exército, que conspirava, preparava levantes (em sua maioria fracassados) e, finalmente, teria alguns de seus elementos mais destacados à frente da Coluna Prestes. Tratava-se muito mais de um estado de espírito revolucionário do que de um movimento estruturado – e um estado de espírito que contaminava não só os jovens

---

[9] Liberalismo: Conjunto de ideias e doutrinas político-econômicas surgido na Europa, no século 17. Os teóricos liberais pregavam a livre concorrência como ordem natural para o equilíbrio dos fenômenos econômicos. Segundo os liberais, as atribuições do Estado deveriam se restringir ao mínimo, e a liberdade individual deveria ser assegurada, em condições iguais para todos.

oficiais, mas também amplos setores da população e, principalmente, a chamada "opinião pública nacional". As grandes cidades do país estavam sujeitas a ondas de entusiasmo revolucionário, que iam e vinham, ora englobando setores mais amplos, ora mais restritos, mas sempre atingindo aqueles grupamentos políticos e sociais que, de uma forma ou de outra, se opunham ao domínio da "política do café com leite".

Os níveis de adesão e participação na movimentação oposicionista eram variados e mudavam com o próprio desenrolar dos acontecimentos. Enquanto as dissidências oligárquicas, em geral, revelavam maiores simpatias pelo caminho do entendimento e da conciliação política, no meio da juventude militar cresciam as tendências ao apelo às armas, visando depor inicialmente Epitácio Pessoa e depois Artur Bernardes. O discurso liberal, entretanto, era comum a todas as forças de oposição à "política do café com leite".

Cabe assinalar que as ideias liberais sempre estiveram presentes no discurso político das elites brasileiras. Tratava-se, contudo, de um liberalismo apenas de fachada, ou seja, importado e adaptado por essas elites com o objetivo de melhor defenderem seus interesses. O liberalismo era a ideologia das oligarquias que, com a República, haviam chegado a elaborar uma original combinação dos princípios liberais da federação, da representação e do presidencialismo[10] com a "política dos governadores". Com isso, garantiram o funcionamento do presidencialismo, mas com o poder das oligarquias preservado e, em alguns casos, até ampliado.

Na medida em que as ideias da classe dominante são as que predominam na sociedade, as camadas médias urbanas no Brasil não poderiam deixar de incorporar o liberalismo à sua visão de mundo;

---

[10] Presidencialismo: Regime político em que a chefia do governo cabe ao presidente da República, mantendo-se a independência e a harmonia dos três poderes – Executivo, Legislativo e Judiciário.

ainda mais quando se sabe que os setores intermediários da população tendem, pela sua própria posição na sociedade, a oscilar entre a classe dominante e o proletariado. Nas condições brasileiras da época, a debilidade da classe operária contribuiu para que as camadas médias urbanas se tornassem massa de manobra dos interesses oligárquicos em jogo. E, num momento de crise generalizada e de consequente radicalização política, onde tais setores poderiam buscar inspiração para sua ação, senão no ideário liberal, sob os auspícios do qual haviam sido educados e em cujos postulados acreditavam sinceramente?

No Brasil, as camadas médias urbanas – devido ao próprio processo de sua formação – eram caudatárias da classe dominante, dela dependendo ideologicamente. Não possuíam elementos para assumir uma posição autônoma e, muito menos, para elaborar uma proposta política própria, independente. Assim, rebelaram-se contra os seus opressores fazendo uso da ideologia desses mesmos opressores. E nisso consistia um dos principais motivos de sua ambiguidade e inconsequência.

Como já foi destacado, os "tenentes" – pela sua origem, formação e ligações – estavam muito próximos das camadas médias urbanas. Por isso, o tenentismo, ideologicamente, viria a ser a expressão dos seus anseios, inspirados nos preceitos do liberalismo brasileiro.

A debilidade teórica dos líderes tenentistas refletia o seu despreparo para assumir uma posição política independente. Sua formação militar caracterizava-se pela tônica profissionalizante, com ênfase no estudo das ciências naturais e matemáticas, diferentemente da geração que participara da proclamação da República, quando a influência do positivismo[11] desempenhara um papel importante. A cultura humanística da oficialidade jovem dos anos de 1920 era muito limitada. Nenhum

---

[11] Positivismo: Conjunto de doutrinas do filósofo francês Augusto Comte (1798-1857), cujas ideias de ordem e progresso e da necessidade de uma ditadura republicana exerceram influência sobre os militares brasileiros que, dirigidos por Benjamim Constant, participaram da proclamação da República.

dos líderes do movimento tenentista possuía uma formação sólida no terreno das ciências sociais. Nenhuma corrente do pensamento social da época havia deitado raízes no meio dos "tenentes" ou exercido influência decisiva na sua formação. Eles não tinham uma teoria, nem estavam preocupados em tê-la. O seu comportamento, marcado pela espontaneidade, corrobora tal afirmação.

Os "tenentes" assumiram as bandeiras de conteúdo liberal, que já vinham sendo agitadas pelos setores oligárquicos dissidentes. Desde 1910, Rui Barbosa havia levantado a palavra de ordem do voto secreto, que viria a se tornar o principal ponto programático de todas as forças de oposição aos setores dominantes na República Velha, expressando o anseio geral pela liquidação da fraude eleitoral e dos mecanismos de dominação oligárquica estabelecidos com a "política dos governadores".

Com a conquista do voto secreto e da representação popular, os "tenentes" imaginaram que seria possível o cumprimento efetivo da Constituição republicana e dos seus princípios liberais, calcados no modelo da Constituição americana. Na concepção deles, o que impedia o seu funcionamento era a perversão dos costumes políticos, levada a efeito pelos políticos profissionais corrompidos. Tratava-se, portanto, de moralizar os costumes políticos para que os princípios liberais pudessem funcionar de fato.

Para os "tenentes", cabia aos militares desempenhar o papel de salvar o país e as instituições dos maus políticos. Se preciso fosse, recorreriam à força das armas para estabelecer, segundo eles, o "legítimo poder civil", que cumpriria a missão de regenerar a nação pela efetiva obediência às leis e à Constituição. Era uma postura elitista em relação às massas populares, inclusive das camadas médias urbanas: a revolução seria feita pelos militares, imbuídos do seu papel salvador; e, por revolução, entendia-se o recurso às armas para cumprir o programa regenerador resumido na fórmula "representação e justiça".

Os "tenentes" estavam distantes de qualquer preocupação com reformas sociais, com o problema agrário, ou mesmo com a dominação imperialista do país. Seu pretenso nacionalismo era vago, impreciso e, provavelmente, refletia as ideias de Alberto Torres,[12] que começavam a ser difundidas. No fundamental, o tenentismo manteve-se fiel à defesa da ordem e das instituições. No manifesto revolucionário distribuído durante o levante de São Borja, no Rio Grande do Sul, afirmava-se que "a revolução não quis e não quer subverter as instituições, mas, sim, simplificá-las, unificá-las e moralizá-las".

O que efetivamente distinguia os "tenentes" das oligarquias dissidentes (que se encontravam em oposição aos governos de Epitácio Pessoa e Artur Bernardes) e dava ao seu liberalismo um caráter radical era a postura revolucionária, entendida como o recurso às armas. Diante do clima revolucionário que se formara no país, a jovem oficialidade do Exército não se limitou a empunhar as bandeiras liberais defendidas pelas oligarquias dissidentes, mas se dispôs a lutar por elas de armas na mão, com o sacrifício da própria vida.

---

[12] Alberto Torres: Sociólogo, ensaísta e político fluminense, falecido em 1917. Suas obras mais conhecidas são O problema nacional brasileiro e A organização nacional, nas quais se mostra crítico das instituições republicanas no Brasil e defende a ideia de um Estado autoritário, capaz de organizar a nação brasileira.

A rebelião de 1924 em São Paulo

– Eram paulistas rebeldes
contra o governo Bernardes,
eram paulistas que o "5
de julho" já revoltara,
paulistas que o general
Miguel Costa comandara.
(Jacinta Passos, "A Coluna")

No dia 5 de julho de 1924, estourou a Rebelião de São Paulo, inaugurando uma nova onda de revoltas tenentistas. Era o "segundo 5 de julho". Levantaram-se vários grupamentos policiais e unidades do Exército sediados nesse Estado. O comando geral do movimento fora entregue pelos jovens rebeldes ao general reformado do Exército Isidoro Dias Lopes, que contava com a colaboração do major Miguel Costa, comandante da Força Pública[13] de São Paulo.

O objetivo do movimento era depor o presidente Artur Bernardes, cujo governo transcorria, desde o início, sob estado de sítio permanente e sob vigência da censura à imprensa. Os revolucionários pretendiam substituir Bernardes por um político honesto, capaz de "moralizar os costumes políticos".

Em linhas gerais, lutava-se pelas mesmas reivindicações de caráter liberal já levantadas, em 1922, por Nilo Peçanha, durante a campanha da

---

[13] Força Pública: Denominação das polícias militares em diversos Estados da União, em diferentes momentos de suas histórias.

Reação Republicana, e pelos "tenentes", que então pegaram em armas pela primeira vez. A principal palavra de ordem era a do voto secreto, medida indispensável para garantir a lisura dos processos eleitorais, sabidamente fraudulentos nos pleitos realizados na República Velha.

Apesar da derrota do "primeiro 5 de julho", a conspiração militar havia prosseguido, com a participação de muitos civis, adquirindo novo alento no final de 1923, quando se tornaram conhecidas as rigorosas penalidades impostas pelo governo aos jovens oficiais rebelados no ano anterior e que respondiam a processos judiciais. A indignação tomou conta dos conspiradores, levando-os a acelerar os preparativos para o levante militar. A alma do movimento foi o capitão do Exército Joaquim Távora, que, assessorado pelo irmão, o capitão Juarez Távora, viajou pelo país, contatando elementos comprometidos com a causa tenentista em inúmeras unidades militares e também em alguns meios civis.

No Rio de Janeiro, por exemplo, desempenhou papel importante nas articulações dos "tenentes" o político oposicionista Maurício de Lacerda, que mantinha ligações com o movimento operário. No Rio Grande do Sul, o chefe da Aliança Libertadora,[14] Joaquim Francisco de Assis Brasil, grande estancieiro e líder dos libertadores ou "maragatos" (como eram conhecidos em seu Estado), tornou-se um valioso aliado dos militares que conspiravam. No final de 1924, os "tenentes"

---

[14] Aliança Libertadora: Frente criada por Joaquim Francisco de Assis Brasil, próspero estancieiro e político gaúcho, com o objetivo de apoiar a sua candidatura ao governo do Estado do Rio Grande do Sul, nas eleições de 1922. Derrotado por Borges de Medeiros, candidato situacionista e chefe do Partido Republicano Riograndense, Assis Brasil liderou a chamada "Revolução de 23", que visava afastar Medeiros do poder, reeleito pela quinta vez através de expedientes fraudulentos. A guerra foi extremamente sangrenta e terminou com a assinatura de um acordo entre os adversários – o Pacto de Pedras Altas. Os partidários de Assis Brasil eram conhecidos como "maragatos" e usavam lenços vermelhos no pescoço, para se distinguirem dos "chimangos" de Borges de Medeiros, que usavam lenços brancos. A experiência guerrilheira dos maragatos foi muito útil para a tática da "guerra de movimento" empregada pela Coluna Prestes.

Líderes da Rebelião de 1924. O capitão Joaquim Távora (esquerda), inspirador e principal articulador do levante, foi ferido a bala, perdendo a vida poucos dias após o início do movimento. O comando-geral da rebelião ficou a cargo do general Isidoro Dias Lopes (centro), que, depois, liderou a marcha dos rebeldes para o Paraná. O major Miguel Costa (direita) sublevou a Força Pública de São Paulo e, posteriormente, se tornou comandante da Coluna Prestes

escolheram Assis Brasil para ser o "chefe civil" da revolução, enquanto o general Isidoro Dias Lopes era considerado o "chefe militar" (Nilo Peçanha havia falecido em março de 1924).

Ainda que a conspiração tivesse caráter nacional, o movimento continuava desorganizado e desarticulado. Da mesma forma que em 1922, a maioria das unidades comprometidas com a rebelião não se levantou no dia marcado. Apenas em Manaus (AM), Óbidos (PA), Aracaju (SE) e Bela Vista (MT)[15], algumas das unidades militares chegaram a deflagrar o movimento sedicioso. Por toda parte, a rebeldia tenentista foi violentamente esmagada pelas forças governistas. Mais uma vez, as prisões ficaram repletas de jovens militares e civis, que haviam ousado pegar em armas contra o regime despótico de Artur Bernardes.

Na capital de São Paulo, embora a rebelião também pecasse pela organização deficiente, a fuga desabalada do governador Carlos de

---

[15] O Estado do Mato Grosso foi depois dividido em outros dois Estados: Mato Grosso do Sul e Tocantins.

Campos, juntamente com todo seu secretariado, permitiu que os rebeldes tomassem o poder sem enfrentar praticamente qualquer resistência das autoridades locais. Assim, a segunda cidade mais importante do Brasil caiu nas mãos dos revolucionários, sem que eles soubessem direito o que fazer com o poder.

Como ocorrera dois anos antes, o Congresso Nacional prorrogou o estado de sítio, a pedido do presidente da República. Sob a proteção dessa medida, o governo federal pôde desencadear o ataque militar à cidade de São Paulo. A luta tornou-se encarniçada e, logo nos primeiros dias, Joaquim Távora perdeu a vida após ser atingido por uma bala inimiga. São Paulo foi atacada por terra e ar, sofrendo violento bombardeio. Como costuma acontecer nessas ocasiões, a população civil tornou-se a maior vítima desses ataques, tendo morrido inúmeras mulheres e crianças. Apesar disso, os rebeldes contaram com a simpatia e até mesmo com a adesão de muitos civis. As lideranças anarquistas do movimento operário paulista tentaram apoiar a rebelião militar, mas o general Isidoro não aceitou tal colaboração. Os militares não viam com bons olhos a participação popular em seu movimento, preferindo atuar como "salvadores" da pátria. Encabeçar uma revolução popular não estava nos seus planos, o que revelava a sua postura elitista e o seu desconhecimento da questão social.

Durante três semanas, os rebeldes resistiram ao cerco das tropas governistas à capital de São Paulo. Persistir nessa resistência seria um suicídio, dada a desigualdade das forças em confronto: visando esmagar os revolucionários paulistas, o governo de Artur Bernardes havia mobilizado todos os recursos disponíveis, incluindo numerosos efetivos das polícias militares estaduais.

Ante o dilema de serem derrotados pela superioridade militar das tropas governistas, sacrificando a população de São Paulo, ou de se retirarem para outra região, onde fosse possível rearticular o movimento, os rebeldes, sob a chefia do general Isidoro, optaram pela segunda al-

Flagrantes da capital paulista em julho de 1924.

Soldados entrincheirados nas ruas da cidade

Populares saqueiam os armazéns Pugliese

Desfile de carros blindados das forças legalistas, após a retirada dos revoltosos

O efeito dos combates no Externato Matoso, localizado na Rua dos Trilhos

ternativa. Inicialmente tentaram rumar para Mato Grosso, mas, diante da resistência inimiga na região de Três Lagoas, decidiram retroceder e descer o Rio Paraná, em direção ao oeste do Estado do Paraná. Sempre perseguidos por adversários mais numerosos e bem armados, os revolucionários seguiram pela Estrada de Ferro Sorocabana, com a ajuda dos ferroviários dessa companhia, e desceram o Rio Paraná, utilizando as embarcações que conseguiam pelo caminho. Chegando ao Estado do Paraná, os rebeldes permaneceram imobilizados entre o caudaloso e turbulento Rio Paraná e a Serra do Medeiros. Logo enfrentariam as tropas comandadas pelo general Cândido Mariano Rondon, que havia se oferecido pessoalmente a Artur Bernardes para dar combate aos militares rebeldes. Começava uma nova etapa da revolução tenentista.

Ao longo de mais de seis meses, os revolucionários de São Paulo defrontaram-se com as tropas governistas, provenientes de unidades militares de todo o Brasil, inclusive das milícias estaduais. Como tinham trazido uma considerável quantidade de armamento, que fora armazenada nos quartéis da capital paulista, puderam combater durante todo esse tempo, gastando, pouco a pouco, a munição disponível. As duas partes estavam envolvidas numa guerra de tipo convencional – a chamada "guerra de posição" – cujo modelo clássico havia sido importado da Europa, ou melhor, da experiência europeia desenvolvida nos anos da I Guerra Mundial.

Segundo esse modelo de guerra, as partes em litígio deveriam contar com sistemas bem elaborados e eficientes de abastecimento, tanto de armamento quanto de artigos de consumo para as tropas. Em geral, a vitória caberia àquele exército que estivesse melhor aparelhado e fosse capaz de cercar e esmagar o inimigo.

No caso dos combates em curso no Oeste do Paraná, a situação dos rebeldes paulistas era francamente desfavorável, na medida em que não contavam com fábricas de armamentos e munições, nem dispunham de fontes de abastecimento de víveres e vestimentas. Enquanto

Revolucionários e seu troféu: uma peça de artilharia abandonada pelas forças legalistas, após um dos combates ocorridos entre novembro de 1924 e janeiro de 1925, na região de Medeiros (PR)

O comando das tropas governistas, em Formigas (PR); à frente, a partir da esquerda, coronel Álvaro Mariante, general Cândido Mariano Rondon e major Benedito da Silveira

O Estado-Maior da Divisão "São Paulo", em Foz de Iguaçu (PR): sentados, a partir da esquerda, generais Padilha e Miguel Costa; em pé, a partir da esquerda, capitão Álvaro Dutra, coronel Estillac Leal, majores Djalma Dutra e Simas Enéas

os revolucionários sofriam com o frio, a fome, a falta de assistência médica adequada e a escassez de armamentos, as tropas comandadas pelo general Rondon eram permanentemente abastecidas pelo governo e renovadas por novos contingentes de combatentes enviados para o campo de batalha.

Em março de 1925, a rebelião iniciada em São Paulo parecia ameaçada de ser definitivamente derrotada, pois os rebeldes se encontravam cercados pelas forças governistas no Oeste paranaense. O general Rondon remetia sucessivos telegramas ao presidente Artur Bernardes, informando que os revolucionários teriam de se render, pois estavam imprensados entre o Rio Paraná, que o general considerava intransponível, a Serra do Medeiros e as forças militares defensoras da "legalidade", ou seja, do governo federal.

O levante no Rio Grande do Sul

Ó céus e terras tremei
que a Coluna já partiu
neste ano de 24
todo o Brasil sacudiu
será Coluna de fogo
que o viajante já viu
Coluna de vento e areia
dos desertos desafio?
Ó céus e terras tremei
que a Coluna já partiu.
(Jacinta Passos, "A Coluna")

A conspiração tenentista prosseguiu durante todo o ano de 1924. Após o levante paulista de julho, ela atingiu um ritmo mais acelerado no Rio Grande do Sul, Estado em que viria a contar com o apoio dos maragatos liderados por Assis Brasil.

As condições precárias dos revolucionários paulistas, cercados no Oeste do Paraná, contribuíram para aguçar o espírito de rebeldia da jovem oficialidade comprometida com a revolução, que se mobilizou para prestar solidariedade aos companheiros de São Paulo.

O principal coordenador da conspiração militar no Rio Grande do Sul foi o tenente Aníbal Benévolo, jovem oficial da Brigada de Cavalaria de São Borja. Também desempenharam papel importante na deflagração do levante gaúcho o capitão Luiz Carlos Prestes e o tenente Mário Portela

Fagundes. Prestes servia no 1º Batalhão Ferroviário (1º BF) de Santo Ângelo, mas pediu demissão do Exército em setembro de 1924; recorreu a esse expediente para criar a impressão de que havia abandonado definitivamente a carreira militar e, assim, afastar as suspeitas quanto à sua participação no movimento tenentista. Portela Fagundes, que servia na mesma unidade militar, estava foragido, pois corria o risco de ser preso em consequência de suas atividades conspirativas. Ambos mantinham, contudo, estreito contato com a tropa.

O levante das tropas no Rio Grande do Sul foi marcado para a madrugada de 29 de outubro de 1924. Repetindo a tradição das revoltas tenentistas anteriores, grande parte das forças comprometidas com a revolução não se sublevou na data estipulada. Levantaram-se apenas, ainda na noite de 28 de outubro, o 1º BF de Santo Ângelo, sob o comando de Prestes e Portela, e, na madrugada do dia 29, os regimentos de cavalaria das cidades de São Luís Gonzaga, São Borja e Uruguaiana. Dois dias depois, rebelou-se uma bateria do regimento de artilharia a cavalo de Alegrete. Mais tarde, um batalhão de engenharia aquartelado em Cachoeira também se sublevou.

Ao mesmo tempo, vários caudilhos[16] ligados a Assis Brasil aderiram ao levante. As tropas dos maragatos, de lenço vermelho no pescoço, incorporaram-se às diversas unidades rebeladas, constituindo um reforço para a revolução tenentista.

As forças governistas foram rapidamente mobilizadas, sob a direção do comandante militar da região, general Eurico de Andrade Neves, e lançadas contra os rebeldes que haviam partido de São Borja com a intenção de tomar Itaqui. Devido à falta de coordenação entre as unidades rebeladas e à espontaneidade de suas ações, em poucos dias os revolucionários do Sul do Estado estavam desbaratados.

---

[16] Caudilho: Termo usado no Rio Grande do Sul para designar os chefes políticos regionais, geralmente grandes fazendeiros ou estancieiros.

A revolução conseguiu sobreviver apenas na região de São Luís Gonzaga, graças a duas razões principais. A primeira decorria do fato de a cidade se encontrar distante de qualquer linha férrea, o que, naquela época, dificultava o acesso das tropas governistas, retardando sua investida contra os rebeldes. A segunda razão prendia-se ao papel decisivo do capitão Prestes na reorganização das tropas rebeldes que se

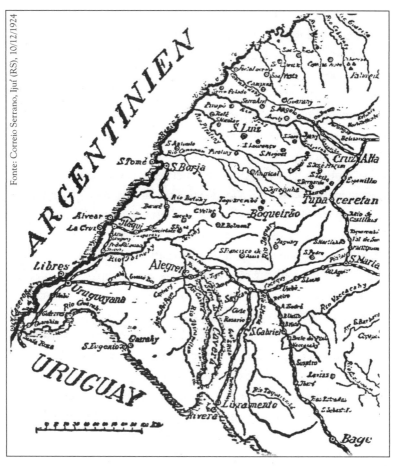

Mapa 1. Região conflagrada pelos levantes tenentistas no Rio Grande do Sul

reuniram em torno de São Luís Gonzaga. Na prática, Prestes passou a comandar não só o 1º BF, que viera com ele de Santo Ângelo, como também os elementos militares e civis remanescentes dos diversos levantes ocorridos no Estado.

A importância do papel de Prestes fica mais clara quando se examina sua atividade no 1º BF de Santo Ângelo, onde servira durante quase dois anos. Essa unidade militar acabou se tornando a força decisiva de aglutinação dos revolucionários que se concentraram em São Luís Gonzaga. Os soldados do 1º BF revelaram um grau de disciplina, dedicação e desprendimento muito superior ao dos soldados de qualquer outra unidade rebelde. Isso não foi obra do acaso, mas o resultado do trabalho realizado por Prestes e seu auxiliar mais próximo, o tenente Portela.

Acampado a 20 quilômetros de Santo Ângelo, com uma companhia de 200 homens, Prestes comandou a construção da estrada de ferro que ligaria esta cidade a Giruá. Como era costume nas unidades militares, dada a inoperância dos sargentos e a incúria da oficialidade, os soldados ficavam mal alojados e privados de qualquer tipo de instrução militar. O jovem capitão Prestes, já envolvido na conspiração tenentista, resolveu dar instrução aos seus soldados (isso seria importante, inclusive, para o êxito do levante que se preparava). Para garantir uma boa alimentação para a tropa, adotou uma série de medidas, por exemplo, a contratação de um padeiro e um cozinheiro. Organizou as atividades e o tempo dos seus subordinados de maneira que todos pudessem estudar, receber educação física e instrução militar, além de trabalharem na construção da linha férrea. O próprio Prestes tornou-se professor e criou três escolas: uma para alfabetização e as outras duas de primeiro e segundo graus.[17] Em três meses, não havia analfabetos na companhia. Prestes não só comandou seus soldados como, ao mesmo tempo, também trabalhou junto com eles, levando a mesma vida de seus subordinados.

---

[17] Atualmente ensino fundamental e ensino médio, respectivamente.

Como resultado desse novo tipo de instrução militar, inédito nas Forças Armadas do país, a "disciplina e o entusiasmo dos soldados eram imensos", conforme relatou Prestes.[18] O prestígio do jovem capitão se tornaria enorme, garantindo a fidelidade do 1º BF na hora do levante. Nascia um novo tipo de relacionamento, até então desconhecido no Exército brasileiro, entre os soldados e o seu comandante. Prestes conseguia estimular a iniciativa dos soldados, sem desprezar a disciplina, que era obtida com o exemplo do próprio comportamento e excluía a prática de qualquer tipo de violência. Tal estilo de comando já fora adotado por Prestes quando, ainda tenente, dirigiu a Companhia Ferroviária de Deodoro, no Rio de Janeiro.

No quartel de Santo Ângelo, a adesão ao levante foi total. Embora as reivindicações contidas no manifesto assinado por Prestes e lançado nessa cidade fossem as mesmas das demais revoltas tenentistas, a determinação revolucionária de Prestes e Portela era diferente: eles estavam imbuídos da convicção de não permitir a derrota de modo algum.

Santo Ângelo era o ponto final da estrada de ferro por onde chegariam as tropas do governo lançadas contra os rebeldes. Por essa razão, após uma tentativa infrutífera de tomar Ijuí, cuja posse poderia garantir a defesa dos rebeldes do 1º BF, Prestes e Portela ordenaram a retirada desse batalhão para São Luís Gonzaga.

Em Santo Ângelo, não foi necessário fazer requisições de mantimentos, uma prática que, depois, se tornaria corrente para assegurar a manutenção das tropas rebeldes. A própria população, junto à qual Prestes e Portela gozavam de grande prestígio, solidarizou-se com a revolução e os comerciantes fizeram doações generosas, que foram levadas para São Luís Gonzaga. Já nessa vila, Prestes afirmou a sua autoridade

---

[18] Este depoimento e vários outros, inseridos nos capítulos seguintes, foram obtidos pela autora em entrevistas pessoais com Luiz Carlos Prestes e constam de fitas magnéticas gravadas. Considere essa informação para todas as citações de Prestes que não tragam outra referência bibliográfica.

POVO DE SANTO ANGELO

Panfleto-manifesto de Santo Ângelo, distribuído no levante do 1º BF, em 29 de outubro de 1924

E' chegada a hora solemne de contribuirmos com o nosso valoroso auxilio para a grande causa nacional.

Ha 4 mezes a fio que os heroes de São Paulo vem se batendo heroicamente para derrubar o governo de odios e de perseguições que só têm servido para dividir a familia brasileira, lançando irmãos contra irmãos como inimigos encarniçados.

Todo o Brasil, de Norte a Sul, ardentemente deseja, no intimo da sua consciencia, a victoria dos revolucionarios, porque elles luctam por amor do Brasil, porque elles querem que o voto do povo seja secreto, que a vontade soberana do povo seja uma verdade respeitada nas urnas, porque elles querem que sejam confiscadas as grandes fortunas feitas por membros do governo á custa dos dinheiros do Brasil, porque elles querem que os governos tratem menos da politicagem e cuidem mais do auxilio ao Povo laborioso que numa mescla sublime de brasileiros e extrangeiros, irmanados por um mesmo ideal, vive honestamente pela grandeza do Brasil.

Todos desejam a victoria completa dos revolucionarios, porque elles querem o Brasil forte e unido, porque elles querem pôr em liberdade os heroicos officiaes da revolta de 5 de Julho de 1922, presos porque num acto de patriotismo, quizeram derrubar o governo Epitacio, o que esvasiou criminosamente o nosso thesouro, e porque quizeram evitar a subida do Governo Bernardes, que tem reinado á custa do generoso sangue brasileiro.

Todos sabem hoje, apezar da censura da Imprensa e do Telegrapho, apezar das mil notas espalhadas por toda a parte, que os revolucionarios têm recebido verdadeira consagração por onde têm passado e que até hoje não foram batidos.

Todos sabem que elles se retiraram para dar um descanço á tropa, que elles dispõem de toda a artilharia de São Paulo, ainda intacta, que dispõem de 20 milhões de tiros e de 5 mil fuzis novos e que ainda não entraram, em acção, que elle estão senhores da parte sul Matto Grosso, a mais rica, de grande parte do Paraná, perfeitamente apparelhados e que agora voltam novamente á lucta, mais fortes do que nunca.

Todos sabem hoje que o Governo organizou successivamente 8 columnas para batel-os e que foi forçado a desorganizal-as novamente porque as tropas do Exercito se negavam a combate-los e as de mais, que os combateram, foram detimados como aconteceu com o Batalhão da Marinha e com a nossa Brigada Militar. E agora, depois da entrada em acção da columna Rondon e o proprio governo quem confessa não ser mais possivel dominar a revolução no Brasil, porque a victoria della é já uma aspiração Nacional.

E o Povo Gaucho, altaneiro e altivo, de grandes tradições a zelar, sempre o pioneiro de grandes causas nacionaes, levanta-se hoje como um só homem e brada: *Já é tempo de estancar o sangue brasileiro, já é tempo de fazer o governo respeitar a vontade do povo, já é tempo de restabelecer a harmonia na familia Brasileira, já é tempo de luctarmos não peito a peito, mas sim hombro a hombro, para restabelecermos a situação financeira do Brasil, para recobrar o dinheiro que os nossos maus governos nos roubaram e pudermos, assim, evitar que, em 1927, o Governo Inglez venha tomar conta das nossas alfandegas e das nossas ricas colonias para cobrar a divida do Brasil.*

Hoje, 29 de Outubro, por ordem do General Izidoro Dias Lopes, levantam-se todas as tropas do Exercito das guarnições de Santo Angelo, São Luiz, São Borja, Itaquy, Uruguayana, Sant'Anna, Alegrete, Don Pedrito, Jaguarão e Bagé: hoje irmanados pela mesma causa e pelos mesmos ideaes levantam-se as forças revolucionarias gauchas da Palmeira, de Nova Wütemberg, Ijuhy, Santo Angelo, São Nicolau, São Luiz, São Borja, Santiago e de toda a fronteira até Pelotas e, hoje entram no nosso Estado os chefes revolucionarios Honorio Lemos e Zeca Netto, tudo de acordo com o grande plano já organisado.

E, desta mescla, desta communhão do Exercito e Povo, com nacionaes e extrangeiros, resultará a rapida terminação da lucta armada no Brasil, para honra nossa e gloria dos nossos ideaes e dos nossos foros de povo civilizado e altivo.

De accordo com o plano geral, as tropas de SantoAngelo talvez pouco demorem aqui, mas durante este tempo, a ordem, o respeito á propriedade e á familia serão mantidos rigorosamente e para isso o governo revolucionario provisorio conta com o auxilio da propria população.

Não queremos perturbar a vida da população, porque amamos a ordem como base do progresso. Podem pois estar todos calmos que nada acontecerá de anormal.

São convocados todos os reservistas do Exercito a se apresentarem ao quartel do 1º Batalhão Ferroviario, e fica aberto o voluntariato.

Todos os possuidores de automoveis, carroças e cavallos deverão immediatamente po-los á disposição do 1º Batalhão Ferroviario e serão em todos os seus direitos respeitados.

Todas as requisições serão documentadas e assinadas sob a responsabilidade do Ministerio da Guerra.

Pelo Governo Revolucionario do Brasil

Cap. Luiz Carlos Prestes

Capitão Luiz Carlos Prestes (esquerda) e tenente Mário Portela Fagundes, que comandaram o levante do 1º Batalhão Ferroviário de Santo Ângelo

A oficialidade do 1º BF, em meados de 1924: a partir da esquerda, José Jorge, Manoel d'Almeida Stuck, Paulo Kruger da Cunha Cruz, Gentil Basílio Alves, Henrique de Azevedo Futuro, Hélio Costa Gonzaga, Luiz Carlos Prestes, Ercílio Bittig de Campos e Mário Portela Fagundes

As tropas rebeldes do 1º BF retiram-se de Santo Ângelo, sob o comando do capitão Luiz Carlos Prestes

e se impôs como chefe ao editar uma comunicação pública, segundo a qual apenas ele, pessoalmente, poderia assinar e autorizar as requisições. Evitavam-se, assim, atos de violência contra a população local.

Nos primeiros dias de novembro, Aníbal Benévolo e Siqueira Campos (o herói dos 18 do Forte) partiram em direção a Itaqui, contando apenas com dois esquadrões do regimento de cavalaria de São Borja. Pretendiam tomar a cidade, importante ponto estratégico às margens do Rio Uruguai. Houve uma séria resistência inimiga e Benévolo viu-se obrigado a pedir reforço aos camaradas rebelados em São Borja e São Luís Gonzaga.

Apenas o 1º BF deslocou imediatamente duas companhias – sob o comando direto de Prestes e Portela – para socorrer os companheiros que combatiam nos arredores de Itaqui. Mas a superioridade das forças inimigas obrigou os rebeldes a recuarem. O tenente Benévolo tombou heroicamente, abatido por um tiro na cabeça. Siqueira Campos atravessou a nado o Rio Uruguai e arrebanhou, no lado argentino, as embarcações que conduziram os rebeldes remanescentes para o país vizinho. Em São Borja, diante da ofensiva governista, o que restara das forças revolucionárias se encontrava em franca desagregação. Em sua passagem por São Borja, quando tentou mobilizar forças para socorrer Benévolo e Siqueira Campos, Prestes recebeu a visita do general João Francisco Pereira de Souza, caudilho gaúcho que participara da revolta de São Paulo e se deslocara para o Paraná junto com Isidoro Dias Lopes. João Francisco trazia uma incumbência do general Isidoro: promover Prestes a coronel comissionado,[19] nomeando-o comandante da Coluna do Centro da Divisão Revolucionária do Noroeste do Rio Grande do Sul. Era o reconhecimento do papel de destaque desempenhado por Prestes e a sua consagração como chefe dos revolucionários gaúchos.

O governador Borges de Medeiros, contando com o apoio do presidente da República, já havia conseguido desbaratar os rebeldes no Sul do Estado, lançando contra eles as tropas disponíveis do Exército e da Brigada Militar Gaúcha, os corpos auxiliares (ou antigos "provisórios"[20]) e os destacamentos de polícias militares vindos de vários estados da União.

Então, em meados de novembro, as atenções governistas voltaram-se para o único bastião revolucionário que ainda permanecia de pé naquele Estado – as tropas acampadas em torno de São Luís Gonzaga, sob o comando do coronel comissionado Luiz Carlos Prestes.

---

[19] Coronel comissionado: Nas fileiras dos rebeldes tenentistas, vigorava um sistema de promoções militares análogo ao existente no Exército. Dessa forma, até mesmo civis eram "comissionados" para os diferentes postos da hierarquia militar. O capitão Prestes foi coronel e depois general comissionado.

[20] "Provisórios": Corpos auxiliares criados a título provisório para auxiliar a atividade das milícias ou polícias estaduais.

A partir da esquerda, o tenente Aníbal Benévolo (o segundo na foto), seguido pelo doutor Dinarte Dornelles, tenente Oscar Walderato e Octávio Miranda, na Intendência Municipal de São Borja, após o levante na cidade (outubro de 1924)

Osvaldo Aranha e seus oficiais à frente das forças legalistas (os "provisórios") durante a defesa de Itaqui, atacada pelos revolucionários gaúchos no início de novembro de 1924

A organização inicial da Coluna

(...) a Coluna já partiu.

Partiu das terras do Sul,
dos descampados sem fim
o gaúcho indaga atento:
para onde marcham assim?
– Adeus, cidades que ficam,
Santo Ângelo de onde vim,
arredai, serras, adeus
a quem fica atrás de mim.
Partiu das terras do Sul,
dos descampados sem fim.
(Jacinta Passos, "A Coluna")

De regresso a São Luís Gonzaga, após sua ida a São Borja, Prestes enfrentou a necessidade de organizar a resistência ao ataque inimigo em preparação. Para isso, contou com a colaboração de Mário Portela e de outros tenentes rebeldes (que viriam a ele se reunir), como Siqueira Campos, João Alberto Lins de Barros, Cordeiro de Farias, Aristides Correa Leal, Ary Salgado Freire e os ex-alunos da Escola Militar do Realengo (expulsos após o "primeiro 5 de julho"), Emygdio da Costa Miranda e André Trifino Correia.

Apoiado nesse grupo de homens de grande audácia, coragem, desprendimento e de excepcional competência militar, Prestes deu início à organização do que viria a ser, mais tarde, a Coluna Invicta. Naquele momento, a maior parte dos oficiais do Exército, que, em 29 de outubro, havia se levantado em diferentes pontos do Rio Grande do Sul, já tinha desistido da luta, emigrando para a Argentina. A inconsequência e a falta de persistência foram traços característicos de grande parte dos "tenentes", para quem os primeiros reveses constituíram motivo para abandonar os compromissos assumidos com a revolução.

Havia chegado o momento de estruturar as tropas revolucionárias concentradas na região de São Luís Gonzaga. Dispunha-se de uns 1,5 mil homens – somente a metade deles armados, uma parte com fuzis Mauser e a outra com simples pistolas. Os revolucionários não possuíam armas de longo alcance. Não faltavam cavalos: dois para cada soldado.

Foram constituídos 13 regimentos de cavalaria, sendo os três primeiros comandados, respectivamente, pelos tenentes Portela, João Alberto e Pedro Gay. Os demais regimentos ficaram entregues ao comando dos diversos caudilhos maragatos, que se consideravam "coronéis". Surgia a organização inicial da Coluna. No começo, tratava-se de uma tropa heterogênea e indisciplinada, cujo comando carecia de unidade, o que prejudicaria qualquer ação a ser empreendida.

A Coluna, além de mal armada (não dispondo de fábricas de armamento e munição), não contava com uma retaguarda que assegurasse o abastecimento da tropa. Prestes ocupou uma vasta região em torno de São Luís Gonzaga, montando guarda nos diversos pontos por onde poderia vir o inimigo, à espera do armamento prometido pelo general João Francisco. Esse carregamento jamais chegou ao seu destino, pois os guardas argentinos não permitiram sua passagem pela fronteira.

Baseado na experiência do 1º BF, Prestes tentou transformar a tropa revolucionária num exército, no qual vigorasse a disciplina militar e, ao mesmo tempo, pudesse ser desenvolvida a iniciativa dos soldados. De fato, sem uma disciplina rigorosa e um comando único e centralizado, as forças rebeldes seriam desbaratadas. Mas, sem a participação ativa de cada soldado, sem a compreensão, de parte de cada um deles, de que se lutava pela libertação do Brasil do governo despótico de Artur Bernardes, seria impossível garantir a sobrevivência de uma força armada tão diferente: não havia soldo, nem pagamento de qualquer espécie, ou vantagens de qualquer tipo, e se exigia, para permanecer em suas fileiras, um grande espírito de sacrifício e muita disposição de luta. Tratava-se de construir um exército completamente distinto das forças armadas regulares, nas quais a disciplina era imposta pela violência e os soldados não passavam de meros cumpridores de ordens superiores.

A experiência dos maragatos foi valiosa na organização das forças revolucionárias. Os rebeldes adotaram o sistema gaúcho de "fogões": formaram-se grupos de cinco a oito combatentes, completamente independentes no preparo de sua alimentação; o comando apenas se preocupava com a distribuição da carne. Dessa forma, simplificava-se o abastecimento da tropa – um problema complexo e oneroso num exército regular. Depois, o "fogão" passou a designar um grupo coeso de combatentes da mesma unidade, dirigido pelo mais graduado, sobre o qual repousava a estrutura orgânica do destacamento. O seu chefe recebia ordens diretas do comandante do esquadrão, a quem estava subordinado.

Adotou-se também o método gaúcho de arrebanhar animais, as "potreadas": pequenos grupos de soldados se destacavam da tropa em busca não só de cavalos para a montaria e de gado para a alimentação, como também de informações, que eram transmitidas ao comando. Esses dados constituíram elementos valiosos para a elaboração de mapas detalhados sobre cada região atravessada pelos rebeldes, permitindo que a tática da Coluna fosse traçada com precisão e profundo conhecimento do terreno. Assim, reduziam-se os riscos de que os revolucionários acabassem pegos de surpresa pelo inimigo. Na verdade, em geral era a Coluna Prestes que, com seus lances inesperados, surpreendia as forças governistas. As potreadas consistiam num fator fundamental para desenvolver a iniciativa e o espírito de responsabilidade dos soldados. Nas palavras de Prestes, foram "os verdadeiros olhos da Coluna".

O comando da Coluna Prestes: tenente Antônio de Siqueira Campos (esquerda), herói dos Dezoito do Forte e comandante do 3º destacamento da Coluna; tenente João Alberto Lins de Barros (centro), comandante do 2º destacamento; e tenente Osvaldo Cordeiro de Farias (direita), comandante do 1º destacamento

O "fogão" do "coronel" Favorino Pinto, em plena sesteada (descanso após uma refeição)

A Coluna não poderia se transformar num exército revolucionário, movido por um ideal libertário, se não incutisse em seus combatentes uma atitude de respeito e solidariedade em relação ao povo com que mantinha contato. Desde o início, ainda no Rio Grande do Sul, o comando da Coluna deu grande importância ao tratamento que os seus soldados deviam dispensar à população civil das localidades por onde passavam. Qualquer arbitrariedade era punida com grande rigor; em alguns casos de maior gravidade, chegou-se ao fuzilamento dos culpados, principalmente quando houve desrespeito a famílias e, em particular, a mulheres. Da mesma forma, não se admitiam saques ou atentados gratuitos à propriedade. Por essa razão, ficou estabelecido que as requisições de artigos indispensáveis à manutenção da tropa (feitas junto a comerciantes, fazendeiros ou particulares) exigiam a apresentação de um recibo assinado pelo próprio Prestes ou por outro comandante devidamente credenciado. No recibo, os rebeldes assumiam o compromisso de, com a vitória da revolução, indenizar ao interessado o valor dos bens requisitados. Com essa prática, inteiramente inusitada, a Coluna acabou conquistando a simpatia das populações que contatou em seu caminho.

A tropa que ia sendo organizada na Coluna compunha-se de dois grupos principais: os soldados, que haviam se levantado nas unidades militares rebeladas, e os civis, chefiados pelos caudilhos maragatos, acostumados à indisciplinada luta guerrilheira, que deixara raízes no Rio Grande do Sul. Tanto uns quanto outros eram, em sua maioria, jovens moradores da região do planalto gaúcho, caboclos provenientes de famílias pobres, sem terra ou com pouca terra – os chamados "pelos duros". Em geral, trabalhavam como peões nas fazendas de criação de gado ou eram assalariados; muitos prestavam algum tipo de serviço na extração da erva-mate ou na agricultura de alimentos.

Os revolucionários alojaram-se em torno de São Luís Gonzaga, espalhando-se por um raio que chegava a 90 quilômetros. Esses acampamentos constituíram uma atração para algumas mulheres de origem humilde, moradoras da região, sendo que muitas se tornaram companheiras dos soldados e viriam a segui-los durante sua retirada da região. No Rio Grande do Sul, incorporaram-se à Coluna cerca de 20 mulheres, que, por vezes, chegaram a combater como soldados, revelando grande heroísmo e dedicação.

Desde os primeiros dias da revolução, Prestes apoiou-se na experiência adquirida nos meses que dirigira sua companhia do 1º BF e tratou de criar um novo tipo de relacionamento entre os comandantes e os soldados. Cientes de que o exemplo dos chefes desempenharia um papel fundamental nessa empreitada, Prestes, Portela, Siqueira Campos, João Alberto e Cordeiro de Farias levavam a mesma vida que os soldados, dormindo no chão, comendo a comida preparada nos "fogões", sem admitir qualquer privilégio. Ao contrário, durante toda a marcha da Coluna, os soldados – e, em primeiro lugar, os feridos – tiveram prioridade na distribuição de alimentos, roupas, montaria e medicamentos. Formou-se, assim, um novo moral – o moral do combatente da Coluna, que lutava por um ideal sem medir sacrifícios, acompanhando seus chefes porque neles confiava e acreditava, porque via no seu comportamento um exemplo a seguir. A Coluna viria a se transformar numa grande família, em que cada soldado nela permanecia sabendo que combatia por um ideal de liberdade e justiça para o povo brasileiro.

A Coluna Prestes não nasceu pronta. Foi fruto de uma série de circunstâncias, quando os rebeldes se viram na contingência de enfrentar um inimigo numeroso, bem armado e municiado, com fontes de abastecimento garantidas, enquanto a sua própria situação era de total carência de armamentos e víveres, com um contingente humano também reduzido. Tratava-se de buscar formas de sobreviver e garantir a continuidade da revolução.

Nesse sentido, foi importante a experiência do ataque à cidade de Tupaceretã, a sudeste de São Luís Gonzaga. O governo havia enviado um batalhão do Exército para essa localidade. Ao planejar a investida contra essa unidade militar, Prestes visava apoderar-se de seu armamento, item que se tornara imprescindível para os revolucionários. A ofensiva rebelde foi deflagrada em 2 de dezembro de 1924, mas o poder de fogo do inimigo era muito superior e as tropas revolucionárias, não obstante lutarem com valor, agiram de maneira caótica. Na prática, revelaram que seu nível de organização deixava muito a desejar, demonstrando o despreparo para obedecer a um comando único e centralizado.

Prestes percebeu a tempo a necessidade de recuar e, antes que fosse demasiado tarde, os rebeldes voltaram para São Luís Gonzaga. Em Tupaceretã não houve vencidos nem vencedores. O combate revelou as debilidades da Coluna naquele momento e mostrou que era preciso melhorar a sua organização, garantindo a obediência das tropas a um comando único. Por outro lado, deixou evidente a extraordinária disposição de luta dos rebeldes.

Durante os meses de novembro e dezembro, as forças rebeldes, acampadas na região de São Luís Gonzaga, prepararam-se para o confronto que, mais cedo ou mais tarde, se daria com as tropas inimigas. Enquanto isso, na cidade, surgia um pequeno jornal, que entraria para a história como "o órgão da revolução". Chamava-se *O Libertador* e era dirigido pelo advogado José D. Pinheiro Machado, que viria a participar de toda a marcha da Coluna. Sua impressão era feita na oficina do jornal local *Missões*, ocupada militarmente pelos rebeldes. Em São Luís, saíram suas seis primeiras edições; as demais, em número de quatro, foram publicadas em outros pontos do Brasil, por onde os rebeldes passaram.

O combativo órgão impresso da Coluna tornou-se um símbolo de suas lutas e de seus feitos heroicos pelo Brasil afora. Publicava os manifestos e mensagens do comando revolucionário e noticiava os principais movimentos das tropas rebeldes. Seu lema "Liberdade ou Morte" expressava o sentimento que movia os revolucionários.

O LIBERTADOR

DIRECTOR
JOSÉ D. P. MACHADO

Orgão da Revolução

São Luiz Gonzaga, 5 de Novembro de 1924

A REVOLUÇÃO NA SERRA

Nesta cidade o 3. R. C. I.

– dá o grito de liberdade

O Batalhão Ferroviario depois de dominar Santo Angelo chega a esta cidade

E VALOROSO CAP. LUIZ PRESTES ASSUME O COMMANDO

Pedro Arão e outros incorporam-se ao Exercito

Ultimas noticias

Communicações

recebidas

Primeira edição de O Libertador, publicada pelos revolucionários gaúchos
em São Luís Gonzaga

O rompimento do cerco de São Luís e a marcha para o Norte

Quem deixou essas pisadas?
Foi a Coluna que passou.
Quem na mata abriu picadas?
Foi a Coluna e viajou

e no seu rastro, cavalos,
homens e armas, levou
atrás um feixe de luz
e de esperanças deixou.
Quem deixou essas pisadas?
Foi a Coluna que passou.
(Jacinta Passos, "A Coluna")

O CERCO DE SÃO LUÍS E O SEU ROMPIMENTO

Em dezembro de 1924, 14 mil homens, sob o comando do Estado-Maior governista, marchavam sobre São Luís Gonzaga. Dividiam-se em sete colunas de aproximadamente 2 mil soldados cada, formando o chamado "anel de ferro", com o qual se pretendia estrangular os rebeldes acampados em torno da cidade. Com o cerco de São Luís, o governo visava encurralar o inimigo e destruí-lo, da mesma forma como pretendia o general Rondon, que mantinha os rebeldes paulistas sitiados no Oeste paranaense. Era a famosa "guerra de posição" – a única tática que os militares brasileiros conheciam naquela época.

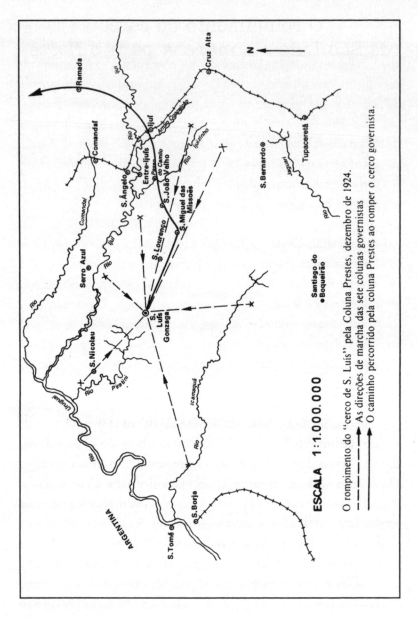

Mapa 2. O rompimento do cerco de São Luís pela Coluna Prestes, em dezembro de 1924

Pensava-se que os soldados da Coluna estivessem reunidos na cidade, mas, na realidade, o tão procurado "grosso da Coluna" não existia. Ao perceber a tática do governo, Prestes distribuiu seus soldados em torno de São Luís Gonzaga, posicionando-os a distâncias consideráveis, em sete pontos diferentes, de acordo com as sete direções por onde vinham as tropas governistas (*ver o mapa 2*).

Para a maioria dos chefes rebeldes – com exceção dos mais próximos a Prestes –, a situação era desesperadora e considerada perdida. Havia uma enorme disparidade entre as forças governistas e as dos revolucionários, reduzidos a 1,5 mil homens, armados precariamente e quase desprovidos de munição.

Prestes tratou, contudo, de encontrar uma saída. Diante da "guerra de posição" desenvolvida pelos militares do governo, concluiu que a melhor solução seria inovar, adotar um novo tipo de tática. Pensou, então, em se deslocar com grande rapidez, mantendo contato com o inimigo, para assim conhecer seus movimentos e persegui-lo com eficácia. Mas, para que isso funcionasse, era fundamental montar um bom sistema de informações, e aí as potreadas entraram em ação. Mobilidade e surpresa foram dois aspectos importantíssimos da "guerra de movimento" imaginada por Prestes, a partir de sua própria experiência naquele mês e meio de luta no Rio Grande do Sul e da experiência das antigas guerras entre os caudilhos gaúchos. Tratava-se de uma espécie de "luta de guerrilhas", então uma novidade para o Exército brasileiro.

Os comandantes das guardas rebeldes – que cobriam as sete posições de chegada das tropas governistas – receberam instruções para manter contato com o adversário que avançava e ir recuando sem aceitar combate, permitindo, ao mesmo tempo, que o Estado-Maior acompanhasse os acontecimentos. O comando rebelde decidiu deixar que o inimigo se aproximasse até uns 50 quilômetros de São Luís Gonzaga, distanciando-se bastante de suas bases de abastecimento. Aí, então, seria o momento de furar o cerco.

Na noite de 27 de dezembro, quando a coluna inimiga, comandada pelo coronel Claudino Nunes Pereira, acercou-se da localidade de São Miguel das Missões, Prestes ordenou a João Alberto que mantivesse contato com ela, simulando a retirada de sua tropa em direção a São Luís Gonzaga. Ao mesmo tempo, Prestes reuniu rapidamente toda a força rebelde em São Miguel. Então, enquanto as sete colunas inimigas avançavam para São Luís, os revolucionários esgueiraram-se entre duas delas, sem serem notados.

Na mesma noite, a Coluna Prestes marchou na direção de Ijuí, visando o Norte do Estado. Era necessário atravessar o Rio Ijuizinho, em cujo vão profundo Prestes conseguiu ocultar a Coluna durante a noite, organizando a travessia pelo Passo do Camilo e, depois, em direção a Palmeira. Seria uma travessia difícil, demorada e acidentada. Ao raiar do dia, Prestes assistiu, do alto da ribanceira, sem que sua tropa fosse avistada pelo adversário, a passagem do coronel Claudino e de seus homens rumo a São Miguel das Missões e São Luís Gonzaga. Na manhã de 30 de dezembro, a Coluna reiniciou sua marcha para o Norte.

Enquanto isso, as tropas governistas prosseguiram avançando sobre São Luís Gonzaga... Os jornais do governo anunciavam: "São Luís cercada pelas forças legais". No dia 30 de dezembro, a imprensa de Porto Alegre informou que os rebeldes, em fuga, abandonavam São Luís...

Na realidade, naquele dia, o comandante de uma tropa governista de reserva, que se encontrava em Ijuí, foi morto ao se chocar com uma patrulha rebelde nas proximidades do Arroio Conceição. Esse fato – bastante revelador do grau de desinformação do comando legalista sobre os movimentos dos revolucionários – causou escândalo, pois deixou evidente que Prestes e sua Coluna já haviam rompido o cerco inimigo e, sem serem percebidos, seguiam vitoriosos para o Norte. Quando os 14 mil soldados legalistas chegaram a São Luís, não encontraram mais nenhum rebelde pelas cercanias...

Foi a primeira vitória importante de Prestes e da sua tática da "guerra de movimento", o que lhe garantiu grande prestígio e contribuiu para consolidar sua liderança à frente da Coluna que tomaria seu nome. Pouco tempo depois, em fevereiro de 1925, Prestes expôs, numa carta ao general Isidoro, a sua concepção da "guerra de movimento", que deixaria os generais do governo desnorteados e perplexos:

A guerra no Brasil, qualquer que seja o terreno, é a "guerra de movimento". Para nós, revolucionários, o movimento é a vitória. A 'guerra de reserva' é a que mais convém ao governo que tem fábricas de munição, fábricas de dinheiro e bastantes analfabetos para jogar contra as nossas metralhadoras.[21]

O COMBATE DA RAMADA E A MARCHA PARA O NORTE

O comando legalista tentou barrar a passagem da Coluna Prestes rumo ao norte do Estado. No lugarejo chamado Rincão da Ramada, o governo concentrou 1,6 mil homens, incluindo uma bateria de artilharia sob o comando do capitão Carlos de Oliveira Duro, à espera dos rebeldes.

Em 3 de janeiro de 1925, às 8 horas, teve início o combate que passaria à história com o nome de "combate da Ramada". As tropas governistas atacaram a vanguarda da Coluna, na qual marchava, naquele momento, o 1º BF, comandado por Mário Portela. A situação era desesperadora, mas Portela soube contorná-la com uma manobra: infiltrou rapidamente a sua tropa na orla da mata e, após 2 horas de marcha fatigante, saiu no campo, entre o inimigo e o grosso revolucionário; então, enquanto atacava de surpresa o flanco e a retaguarda do adversário, enviou uma mensagem a Prestes.

Graças a essa manobra desenvolvida por Portela, Prestes pôde ordenar ao regimento comandado por João Alberto que avançasse ao

---

[21] PRESTES, Anita Leocadia. *A Coluna Prestes*. 3ª ed. São Paulo, Brasiliense, 1991, p. 421.

longo da estrada de rodagem, evitando qualquer ataque ao adversário. Começou uma nova fase do combate, em que a artilharia governista, apoiada por uma concentração de metralhadoras, abriu fogo pesado sobre a tropa de João Alberto. Uma nova manobra, dirigida por Prestes, garantiu a vitória dos rebeldes: um regimento de cavaleiros civis lançou-se sob o flanco esquerdo do adversário, enquanto o regimento comandado por João Pedro Gay recebeu ordem de avançar para o posto de comando revolucionário. Com isso, a artilharia governista emudeceu e se retirou, a galope, rumo a Palmeira.

Se a Coluna dispusesse de armamento suficiente, teria sido possível aniquilar o inimigo, que batia em retirada. Os soldados rebeldes lutaram com uma valentia e um ardor incomparáveis, combatendo durante 8 horas consecutivas. Quando o capitão Duro resolveu debandar, às 16 horas, os rebeldes já ameaçavam tomar seus canhões, como seria lembrado por Prestes. Estava aberto o caminho para que a Coluna prosseguisse sua marcha.

O combate da Ramada foi um dos mais sangrentos de toda a saga da Coluna Prestes: os revolucionários tiveram 50 mortos e 100 feridos. Apesar disso, os rebeldes saíram vitoriosos, pois repeliram o ataque inimigo, obrigando-o a bater em retirada. Mais tarde, Juarez Távora diria:

> (...) essa vitória tática, que aureolava de novos louros o gênio militar de Prestes, revelou, ainda, em Mário Portela Fagundes, o soldado intrépido e inteligente (...) E abriu, à coluna revolucionária, estrada livre para as fronteiras de Santa Catarina.[22]

Se, no combate de Tupaceretã, as tropas rebeldes ainda se mostraram despreparadas para aceitar e seguir um comando único, em Ramada, a Coluna demonstrou melhor nível de disciplina e organiza-

---

[22] TÁVORA, Juarez. "O combate da Ramada", A Esquerda, Rio de Janeiro, 3 de janeiro de 1928.

ção. Estava consolidado o seu núcleo dirigente, composto por Prestes, Portela, João Alberto, Siqueira Campos e Cordeiro de Farias.

Após o combate da Ramada, a Coluna precisou atravessar uma mata densa e fechada, no caminho que levava às margens do Rio Uruguai, fronteira com Santa Catarina. A caminhada foi extremamente penosa, pois a cavalhada teve de ser abandonada pelo caminho. Mas, para os gaúchos, que não estavam acostumados a andar a pé, tornou-se difícil descartar os arreios e a carga que levavam consigo.

Na retaguarda da Coluna, marchava o 1º BF, que acabou descoberto pelos legalistas ao transpor uma passagem muito perigosa do Rio Pardo (*ver o mapa 3, no capítulo 7*). O ataque inimigo foi violento, e os rebeldes ofereceram uma resistência feroz. Nesse combate, ocorrido em 27 de janeiro de 1925, tombaram tragicamente o tenente Mário Portela Fagundes e outros combatentes da Coluna. Nesse dia, a revolução perdeu Portela, uma de suas lideranças de maior valor. E Prestes perdeu um grande amigo e seu principal auxiliar na campanha militar do Rio Grande do Sul e na formação da Coluna.

Durante a difícil travessia do Norte do Rio Grande do Sul, mais da metade dos soldados da Coluna abandonaram suas fileiras, vencidos pelas dificuldades enfrentadas e, principalmente, insatisfeitos com a única opção que lhes restava naquele momento – deixar o seu Estado natal. Junto com os soldados, alguns oficiais também desertaram das tropas revolucionárias, como foi o caso do tenente João Pedro Gay.

Diante da morte de Portela e da deserção de Gay, o comando dos destacamentos teve de ser reformulado: Cordeiro de Farias passou a dirigir o 1º BF e Siqueira Campos assumiu a chefia do 3º Regimento de Cavalaria. Ambos permaneceram à frente dessas unidades até o final da Marcha, enquanto João Alberto comandava os remanescentes do antigo 2º Regimento de Cavalaria.

A Coluna havia sofrido fortes abalos, mas o inimigo não conseguira derrotá-la. Os revolucionários gaúchos deixaram o Rio Grande do Sul vitoriosos, tendo superado tanto os ataques dos adversários quanto "a fraqueza e desânimo de certos companheiros", nas palavras de Prestes.[23]

O governo, entretanto, cantava vitória e procurava enganar a opinião pública, tirando partido do estado de sítio e da censura à imprensa então em vigor. Durante toda a marcha da Coluna Prestes, o noticiário oficial, publicado nos jornais governistas, "fabricou" uma imagem de permanente fuga e derrota iminente dos rebeldes.

Ao apresentar essa imagem deturpada da situação dos rebeldes, o governo pretendia desencorajar qualquer nova tentativa de levante por parte dos revolucionários, que continuavam a conspirar e a preparar novas rebeliões em vários pontos do país. Embora os métodos empregados pelos conspiradores fossem pouco eficazes, as notícias de que a Coluna Prestes prosseguia a sua marcha pelo Brasil constituíam um incentivo importante à deflagração de novos movimentos.

O noticiário falsificado divulgado pela imprensa governista revelava um outro lado da questão: o total despreparo dos generais legalistas para compreender a tática da "guerra de movimento", adotada pela Coluna Prestes. Toda vez que os rebeldes desapareciam da alça de mira do adversário, o comando governista era levado a acreditar que eles tinham sido desbaratados ou liquidados. Entrementes, os soldados da Coluna Prestes surgiam em algum outro lugar, de maneira inesperada e desconcertante para os defensores da "legalidade".

---

[23] PRESTES, Anita Leocadia. *op. cit.*, p. 420.

A travessia de Santa Catarina e Paraná e a incorporação dos rebeldes paulistas à Coluna

Dois inimigos. Quem são?
Luta de morte. Escuridão.
Silvos, balas. Não responde?
Matou. Morreu. Quem? Aonde?

Foi-se a noite e de manhã
ó cegueira humana vã!

Quando em Santa Catarina
a luz primeira ilumina

jazem restos e destroços
carne, sangue, armas, ossos,
de legalistas.

Legalistas se encontraram
e enganados se mataram.

Ó Maria Preta ó sorte
ó curva de engano e morte.

Longe, voz a comandar
– Coluna ao norte! Marchar!
(Jacinta Passos, "A Coluna")

A TRAVESSIA DE SANTA CATARINA E
A CHEGADA AO PARANÁ

Ao atravessar o Rio Uruguai, penetrando em Santa Catarina, os rebeldes iam acompanhados pelas mulheres que haviam aderido à Coluna ainda em São Luís Gonzaga. Temendo que pudessem perturbar o bom funcionamento das tropas revolucionárias, Prestes ordenara que elas ficassem no Rio Grande do Sul. Ele fora o último a atravessar o rio. Para sua surpresa, ao chegar à localidade de Porto Feliz, no lado catarinense do grande rio, todas as mulheres já estavam lá, prontas para prosseguirem a marcha pelos sertões de Santa Catarina. Prestes acabou aceitando sua presença na Coluna e, mais tarde, reconheceu que foram muito úteis na campanha revolucionária, durante a qual mostraram dedicação e coragem.

Em perseguição à Coluna, que rumava para o Norte, o governo Borges de Medeiros enviou tropas legalistas: de um lado, seguindo o rastro dos rebeldes, marchavam as forças do coronel Claudino Nunes Pereira; de outro, deslocavam-se as de Firmino Paim Filho, constituídas pelos corpos auxiliares rio-grandenses. Inicialmente, Paim Filho acompanhara a estrada de ferro com destino a Catanduvas, onde se concentravam os rebeldes paulistas sitiados no Paraná, mas acabou se desviando de seu caminho original para enfrentar a Coluna Prestes.

Os rebeldes moviam-se com dificuldade por Santa Catarina, quase desprovidos de alimento e deslocando-se a pé, pois haviam perdido a maior parte dos cavalos ainda na região do Rio Uruguai. Finalmente, em 7 de fevereiro de 1925, a Coluna atingiu a cidadezinha paranaense de Barracão, na fronteira Oeste de Santa Catarina (ver o mapa 3).

De Barracão, Prestes propôs uma manobra audaciosa ao general Isidoro, comandante dos rebeldes paulistas: a Coluna gaúcha surpreenderia o general Rondon, que vinha combatendo os revolucionários paulistas no Paraná, com um ataque pela retaguarda. O êxito do plano dependia de Isidoro enviar armas e munição à Coluna gaúcha (Prestes imaginou que ele ainda dispusesse do armamento trazido de São Paulo).

Enquanto aguardavam o carregamento prometido, os revolucionários gaúchos permaneceram 45 dias na região do Contestado, na fronteira do Paraná com Santa Catarina, desenvolvendo uma típica "guerra de guerrilhas". O general Isidoro não conseguiu enviar o armamento solicitado por Prestes, dadas as dificuldades que os próprios paulistas enfrentavam. A emboscada surgiu, então, como a salvação para os rebeldes gaúchos, que quase não dispunham de armas.

Nesse momento crítico, Prestes recebeu a visita do "coronel" Fidêncio de Melo, fazendeiro da região do Contestado, que prometera ao general Isidoro prestar ajuda à Coluna gaúcha. Mas, diante do avanço inimigo, os soldados desse "coronel" acabaram debandando junto com seu chefe rumo à Argentina, deixando descoberto o flanco esquerdo da Coluna. Prestes foi forçado a manobrar com rapidez e, apelando para o destacamento de Siqueira Campos, organizou uma rápida retirada em direção a Barracão, de onde as tropas da Coluna haviam partido, na tentativa de golpear o general Rondon pela retaguarda.

Enquanto o grosso da Coluna recuava, desenvolvendo uma "guerra de emboscadas" contra as forças de Firmino Paim Filho, o 1º BF, comandado por Cordeiro de Farias, montava guarda ao sul de Barracão, na vereda que levava para essa localidade. Entrementes, a coluna do coronel Claudino Nunes Pereira, que vinha com grande atraso pela picada trilhada pelos rebeldes em sua marcha de Porto Feliz a Barracão, começou a ter contato, em 22 de março, com uma pequena parte da tropa de Cordeiro de Farias. Dois dias depois, houve um violento combate, em que o inimigo sofreu numerosas baixas. Prestes ordenou, então, a retirada geral da Coluna para Barracão, rumo ao norte, visando a travessia do Rio Iguaçu. O objetivo era reunir-se aos rebeldes de São Paulo, pois se tornara inviável a manobra por ele idealizada de atacar Rondon pela retaguarda.

Na noite de 24 de março, quando os rebeldes já haviam iniciado a retirada, as duas colunas inimigas que pretendiam esmagá-los, comandadas respectivamente por Claudino Nunes Pereira e Firmino Paim Filho, acabaram por se chocar, inadvertidamente, num lugarejo

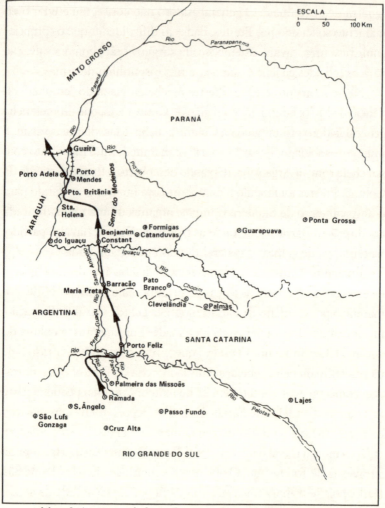

Mapa 3. A travessia de Santa Catarina e Paraná pela Coluna Prestes

denominado Maria Preta, em Santa Catarina. As duas colunas de tropas legalistas combateram entre si, na escuridão da noite, durante quase 4 horas. Só se aperceberam do que ocorrera ao amanhecer do dia seguinte, quando a Coluna Prestes já estava longe e os governistas haviam perdido duzentos homens. Esse episódio tornou-se célebre, contribuindo para que os feitos da Coluna começassem a virar lenda.

O período de permanência na região do Contestado foi muito importante para melhorar a organização e a disciplina dos cerca de 800 homens que compunham a Coluna naquele momento. Com o abandono da luta por grande parte dos caudilhos maragatos, Prestes e seus colaboradores mais próximos – Siqueira Campos, João Alberto e Cordeiro de Farias – conseguiram, finalmente, atingir a unidade de comando, pela qual vinham se batendo desde o início, quando ainda se encontravam em solo gaúcho.

Após a retirada de Barracão, os revolucionários marcharam com grande dificuldade – alimentando-se apenas de palmito com mel – através de uma mata muito densa e quase impenetrável. Levavam consigo os seus feridos, muitos transportados desde o Rio Grande do Sul, pois era norma da Coluna não abandoná-los. Dispensavam-lhes a assistência possível – na maioria dos casos precária, uma vez que não havia medicamentos nem médicos nas fileiras rebeldes. Muitos feridos foram carregados durante semanas ou meses, em padiolas, no lombo de cavalos e burros ou nos braços dos camaradas. Conforme Prestes declarou: "Nunca deixamos um ferido para trás. Isso mantinha o moral da Coluna, porque os soldados sabiam que não seriam abandonados."

Nessas condições, a travessia do Rio Iguaçu foi uma verdadeira epopeia. Segundo o relato de Prestes:

O Rio Iguaçu é impressionante, porque tem 700 metros de largura. Eu me lembro de um episódio com o 'coronel' Aquino. Era um velho, um homem de 60 e poucos anos (...) E eu mandei o 'coronel' esse, com 60 homens, que fosse atravessando o rio (numa canoa que os próprios rebeldes fabricaram

Luiz Carlos Prestes, seguido pelo sargento Tomaz, chega a Benjamin Constant, no Paraná, em 11 de abril de 1925

No mesmo dia, as colunas gaúcha e paulista se encontram e confraternizam

Capitão Juarez Távora, comandante da Brigada "São Paulo" e, depois, subchefe do Estado-Maior da Coluna Prestes.

Os oficiais da Divisão São Paulo (b), reunidos em Foz do Iguaçu, no Paraná: a partir da esquerda, major Tales Marcondes, coronel Juarez Távora, major Paulo Kruger da Cunha Cruz, tenente Cherubino Álvares Morales, tenente Edgar Dutra, capitão João Rodrigues Jesus e tenente Adolfo Bettiol Guido após derrubar uma árvore) (...) Dois dias depois, eu apareci lá (...) E ele disse: – Não se pode atravessar esse rio! (...) Eu fiz a conta com ele: mesmo atravessando só dois homens (de cada vez), levando uma meia hora para ir, uma meia hora para voltar, já teria atravessado os 60 homens, se ele tivesse trabalhado dia e noite. Dava para atravessar. (...) Eu disse: – Mas vai ter que atravessar! Não tem outro remédio! O inimigo vem aí! (...) E atravessamos. Todo mundo passou aí o rio.

Em 11 de abril de 1925, os soldados da Coluna, finalmente, confraternizaram com as tropas rebeldes paulistas em Benjamin Constant (*ver o mapa 3*).

A INCORPORAÇÃO DOS PAULISTAS

Nos últimos dias de março de 1925, os rebeldes paulistas que resistiam na frente de Catanduvas capitularam, após um sítio de mais de quatro meses. Os soldados aprisionados pelo general Rondon foram mandados para Clevelândia – um verdadeiro campo de concentração criado na Amazônia pelo governo Bernardes. A situação ficou crítica. As tropas legalistas avançavam em direção à Foz de Iguaçu, local em que o general Rondon pensava obrigar os rebeldes à rendição final. O Rio Paraná era considerado uma barreira intransponível e os revolucionários, segundo Rondon, ficariam "engarrafados" entre três rios caudalosos – o Paraná, o Iguaçu e o Piquiri – e as tropas governistas que os empurravam em direção àquela localidade. O armamento trazido pelos rebeldes de São Paulo havia também praticamente se esgotado.

Em tais circunstâncias, Prestes partiu imediatamente para Foz do Iguaçu, onde estava reunido o comando das tropas paulistas, sob a direção do general Isidoro. A história da reunião realizada no dia 12 de abril de 1925 é narrada por Prestes:

Quando cheguei lá, estavam reunidos (os oficiais paulistas) (...) A atmosfera, nas duas colunas, era oposta. A minha coluna chegava ali com a convicção da vitória (...) porque conseguira se ligar com os paulistas. Isso já era um grande triunfo. (...) Quando eu fui para Foz do Iguaçu, lá já estavam reunidos com o Isidoro 40 homens. (...) A ordem era retirar. (...) Todo mundo só falava em ir embora para a Argentina. Eu estava com uma raiva fantástica, porque vitorioso, chegar e encontrar esse ambiente! (...) Fiz um discurso, com muita energia, dizendo que eu não podia convencer os meus soldados, que se consideravam vitoriosos, agora, a emigrar nesse momento.

A seguir, Prestes relata a proposta que fez:

Vamos procurar sair daqui, dessa região. Vamos nos mobilizar e sair daqui. Se não conseguirmos sair, vamos resistir. E só na terceira hipótese é que vem a passagem à Argentina. (...) Quando eu disse isso, aqueles oficiais foram se levantando e cada qual foi tratando (...) de passar para a Argentina.

Poucos paulistas mostraram-se dispostos a prosseguir a luta. Apesar disso, a posição de Prestes acabou prevalecendo e foi seguida pelos que decidiram permanecer. O principal objetivo da proposta era manter acesa a chama da revolução e, com isso, atrair as forças inimigas para o interior do país – o que, naquele momento, poderia contribuir para o êxito dos "tenentes", que conspiravam no Rio de Janeiro e em outras capitais, preparando novos levantes.

Em abril de 1925, avaliou-se que só restava uma saída para os rebeldes determinados a dar continuidade à revolução: rumar para Mato Grosso, atravessando o "intransponível" Rio Paraná. Após uma tentativa fracassada de retomar a cidadezinha de Guaíra (para passar diretamente àquele Estado), Prestes organizou a retirada das tropas gaúchas e paulistas para o porto de Santa Helena e também para Porto Mendes (*ver o mapa 3*). Essa estratégia visava impedir o cerco planejado por Rondon, que continuava marchando em direção a Foz do Iguaçu, sem perceber que os revolucionários já haviam deixado essa cidade.

Por iniciativa de Prestes, foi planejada uma manobra para envolver as tropas do general Rondon pela retaguarda. Sob o comando do major Manoel Lira, um grupo de combatentes da Coluna marchou em total silêncio, abrindo uma picada no meio do mato, em direção à retaguarda do inimigo. Ciente disso, o tenente João Cabanas – que pretendia abandonar a luta, mas não desejava que a Coluna prosseguisse sem ele – dirigiu-se imediatamente para o local e ordenou que seu corneteiro desse o toque de "Avançar!" às tropas rebeldes. Atacado, o inimigo recuou, abrindo trincheira mais atrás. A manobra de Prestes estava desmascarada devido à sabotagem de Cabanas. A situação era desesperadora. Eis o relato de Prestes:

> Aí ficamos numa situação das piores. Na retaguarda, o Rio Paraná, que aí tem 200 metros de profundidade. É um rio que você só pode atravessar em um barco relativamente grande, porque uma canoa não passa, tais os redemoinhos que tem aí.

E tinham, pela frente, a tropa inimiga que avançava. Havia chegado a hora de atravessar o Rio Paraná a qualquer custo, ali mesmo na altura de Porto Mendes. Era a única saída. Isso também significava marchar mais uns 125 quilômetros através do território paraguaio, para atingir a fronteira de Mato Grosso. Não obstante as terríveis dificuldades, os rebeldes quebraram o "fundo da garrafa" em que, segundo o general Rondon, estariam presos, alcançando mais uma vitória: a travessia do "intransponível" Rio Paraná. A passagem de Porto Mendes, no Brasil, para Puerto Adela, no Paraguai, foi realizada em 3 dias, de 27 a 29 de abril. Para vencer os 400, 500 metros de largura do caudaloso rio, os rebeldes dispunham apenas de uma canoa e do pequeno vapor Assis Brasil. Então, Prestes incumbiu João Alberto de apresar o vapor paraguaio Bell, o que facilitou muito o transporte da força revolucionária para o país vizinho. João Alberto encarregou-se também de entregar uma carta da oficialidade rebelde ao comandante da guarnição paraguaia em Puerto Adela. No documento explicava-se que os revolucionários não pretendiam atacar o país irmão; apenas necessitavam passar pelo seu território para entrar em Mato Grosso. Diante da situação de fato, o comandante paraguaio recuou e os rebeldes passaram, levando toda a artilharia, os canhões etc.

Mais uma vez, os generais da "legalidade" foram surpreendidos pela manobra dos revolucionários. A Coluna ingressou em Mato Grosso em 3 de maio de 1925. Nesse mesmo dia, Artur Bernardes, em sua mensagem anual ao Congresso Nacional, anunciava o desbaratamento final do "movimento sedicioso"... Depois, tentando justificar o seu fracasso, o general Rondon enviou um telegrama ao governo: "A hidra tem sete cabeças!"

Após a junção das colunas paulista e gaúcha, o comando das tropas revolucionárias fora reorganizado, tendo sido criada a 1ª Divisão Revolucionária, constituída pelas brigadas "São Paulo" e "Rio Grande". O major Miguel Costa, que era o oficial de maior patente, foi promovido por Isidoro Dias Lopes a general de brigada, assumindo o comando geral da 1ª Divisão Revolucionária. A Brigada "São Paulo" ficou entregue ao comando de Juarez Távora e a "Rio Grande" ao de Luiz Carlos Prestes. Cada uma dessas brigadas compunha-se de batalhões, regimentos e esquadrões dirigidos por oficiais, que permaneceram nas fileiras rebeldes, e por alguns civis comissionados ao oficialato, de acordo com o sistema de promoções adotado. Ao todo, a divisão contava com menos de 1,5 mil combatentes, sendo 800 da Brigada "Rio Grande" e o restante da Brigada "São Paulo". Havia cerca de 50 mulheres, entre gaúchas e paulistas, que, na maioria dos casos, acompanhavam seus maridos ou companheiros. Algumas eram enfermeiras e ajudaram a salvar vidas. Outras serviram como elementos de ligação em momentos graves e cumpriram pequenas tarefas, revelando grande coragem.

Nos dias que antecederam a travessia do Rio Paraná, a maior parte da oficialidade rebelde vinda de São Paulo emigrou, vencida pelo cansaço e pela desesperança no êxito da causa revolucionária. O general Isidoro, devido à sua idade avançada, e mais alguns oficiais, também idosos ou enfermos, foram dispensados da campanha militar, que se prolongaria pelo Brasil afora.

A formação da 1ª Divisão Revolucionária não correspondeu à simples junção das colunas gaúcha e paulista. Na verdade, os rebeldes paulistas haviam sido derrotados em Catanduvas. Enquanto isso, a Coluna Prestes vinha do Rio Grande do Sul coberta de glórias, e Prestes abrira uma nova perspectiva para a revolução, ao propor a reorganização das forças rebeldes e a marcha para Mato Grosso. Por essas razões, o coronel Prestes teria um papel destacado à frente da 1ª Divisão Revolucionária. O general Miguel Costa tornara-se o comandante-geral, mas, reconhecendo a competência e o prestígio de Prestes, entregou-lhe, na prática, o comando da Coluna. Ainda que isso não fosse dito abertamente, havia ocorrido a incorporação dos rebeldes paulistas à Coluna Prestes, que chegara ao Paraná com uma organização estável e sólida, alcançada após mais de cinco meses de importantes vitórias, conquistadas sob a direção de um núcleo coeso de revolucionários, formado por Prestes, Siqueira Campos, João Alberto e Cordeiro de Farias.

A Coluna Prestes, que nascera no Rio Grande do Sul, partiu do Paraná revigorada pela junção com os revolucionários que haviam se levantado em São Paulo, em 5 de julho de 1924.

A passagem por Mato Grosso, Minas e Goiás e a reorganizacão da Coluna

Vou com quinze, senhores,
tirem o facão da bainha,
arrebanhar os cavalos
na redondeza vizinha
ah! potreada relâmpago
tirem o facão da bainha!

Hoje eu vou correr 100 léguas eh!
Cem léguas de arrepiar.

Gritar eh! eh! catingueiros
eh! Polícia. E debandar.

(Jacinta Passos, "A Coluna")

A CAMPANHA DE MATO GROSSO
E A REORGANIZAÇÃO DA COLUNA

Para surpresa do comando militar legalista, que não acreditava na capacidade de os rebeldes realizarem tamanha façanha, a Coluna ingressou no Sul de Mato Grosso (*ver o mapa 4*). Após esconderem os canhões – pois seu emprego se tornara impraticável na "guerra de movimento", na qual a rapidez de deslocamento era fundamental –, os rebeldes lançaram seus destacamentos em diferentes direções. Visavam assegurar terreno a fim de poderem se deslocar para o Norte.

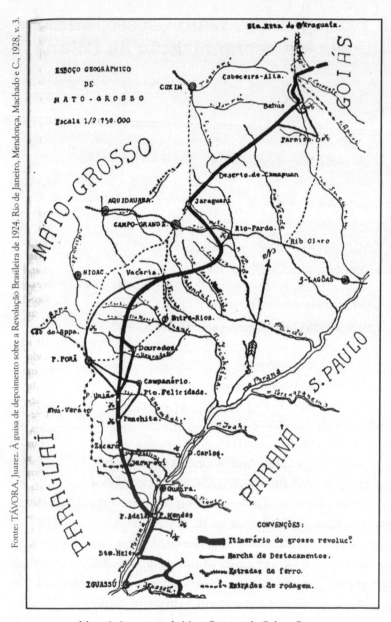

Mapa 4. A travessia de Mato Grosso pela Coluna Prestes

Os legalistas que combatiam na região haviam recebido o reforço de uma tropa procedente de Campo Grande, sob o comando do major do Exército Bertoldo Klinger. Ele passou a dirigir os mais de mil homens que constituíam o efetivo governista, contando com muitas metralhadoras e abundante munição.

Entre 13 e 15 de maio, ocorreu um violento combate nas cabeceiras do Rio Apa. João Alberto, dispondo de menos de 300 homens, duas metralhadoras e escassa munição, investiu contra o adversário, revelando, como sempre, grande audácia. Nessa ocasião, ficou evidente a divergência entre as concepções estratégicas de Miguel Costa e Prestes. Enquanto o primeiro era partidário do combate decisivo, que levasse o inimigo à derrota, Prestes considerava necessário saber recuar no momento certo, evitando maiores perdas para os rebeldes, que se encontravam em situação de grande inferioridade militar. A opinião de Prestes foi a vencedora e, a partir desse combate, o general Miguel Costa passou a aceitar a posição de Prestes, ouvindo-o sempre antes de tomar qualquer decisão.

No combate do Rio Apa, os rebeldes conseguiram evitar o confronto decisivo, recuando a tempo. Na segunda quinzena de maio de 1925, a Coluna, novamente reunida, seguiu em direção ao norte. Perto de Dourados, o comando revolucionário foi abordado por um emissário do major Klinger, que lhe enviava uma carta com uma proposta considerada indigna pelos rebeldes: os oficiais poderiam emigrar para o Paraguai, desde que depusessem as armas, mas os soldados ficariam presos. O comando da Coluna sequer respondeu a Klinger, e continuou sua marcha.

A Coluna Prestes havia ficado quase em farrapos, após a dura jornada do Rio Grande do Sul ao Paraná. Em Mato Grosso, porém, conseguiu não só obter montarias para os rebeldes, como também vesti-los e abastecê-los. Para isso, recorreu a requisições junto à empresa Mate Laranjeira, sediada na cidade de Campanário. Foram adquiridas peças de lã vermelha, e toda a Coluna vestiu-se de ponchos vermelhos!

Havia muitos cavalos no sul de Mato Grosso e, em pouco tempo, os soldados da Brigada "Rio Grande" estavam montados, desenvolvendo a tática das potreadas. Contrastando com os gaúchos, o pessoal da Brigada "São Paulo" não sabia pegar cavalo e, por isso, marchava a pé. A marcha da Coluna estava sendo prejudicada pela morosidade da brigada comandada por Juarez Távora.

Diante disso, Prestes propôs a reorganização da Coluna, fundindo as duas brigadas, de maneira que os soldados gaúchos ajudassem os de São Paulo a pegar cavalos, a conseguir arreios etc. Juarez Távora, entretanto, não aceitava essa proposta, mas Prestes conseguiu convencer os demais oficiais, que aprovaram a ideia. A Coluna foi reorganizada nos primeiros dias de junho, na localidade de Jaraguari, após ter atravessado a Estrada de Ferro Noroeste do Brasil. Estruturaram-se quatro destacamentos: o 1º, sob o comando de Cordeiro de Farias; o 2º, de João Alberto; o 3º, de Siqueira Campos; e o 4º, de Djalma Dutra. Todos incluíam gente do Rio Grande do Sul e de São Paulo. Miguel Costa continuou no comando da 1ª Divisão Revolucionária, enquanto Prestes foi nomeado chefe do Estado-Maior, ficando Juarez Távora na condição de subchefe.

Lourenço Moreira Lima, o secretário da Coluna, escreveu no diário da marcha:

> Os comandantes dos destacamentos, inclusive o chefe e o subchefe do Estado-Maior, reuniam-se sob a presidência de Miguel Costa, a fim de serem resolvidas as questões graves. A opinião de Prestes era sempre predominante nesses conselhos. Ninguém o igualava em inteligência e capacidade militar. Todos lhe reconheciam a superioridade intelectual e gravitavam em torno de sua pessoa como satélites girando ao redor de um grande Sol.[24]

---

[24] MOREIRA LIMA, Lourenço. *A Coluna Prestes – marchas e combates*. São Paulo, AlfaOmega, 1979, pp. 149-150.

Com a reorganização da Coluna, os paulistas acabaram se adaptando ao sistema dos gaúchos, à maneira de funcionamento e de organização da Coluna Prestes, em cujas fileiras vigorava uma disciplina rigorosa, aliada a uma ampla iniciativa dos soldados. Os quatro destacamentos da Coluna se alternavam nas diferentes posições. Segundo o relato de Prestes:

> O destacamento que fazia a vanguarda, depois de 3 dias de marcha, passava para a retaguarda e, assim, o outro destacamento começava na vanguarda e passava. Porque o que estava na vanguarda, em geral, tinha maior facilidade para pegar cavalos, pois encontrava o terreno livre (...) Porque a principal arma nossa era o cavalo, era ter cavalo.

A forma de organização adotada pelo comando da Coluna e a maneira como era assegurado o seu funcionamento permitiram que os soldados se sentissem inteiramente engajados na luta e, com isso, revelassem uma dedicação sem limites à revolução e aos seus chefes. Tal postura se expressava na sua extraordinária bravura, inúmeras vezes registrada por Lourenço Moreira Lima, o cronista da marcha. Firmou-se, assim, um novo moral na Coluna: o orgulho de pertencer às suas fileiras e estar dando a sua contribuição para a revolução e a libertação do Brasil da tirania de Artur Bernardes.

As mulheres, ainda que poucas, também compartilhavam do espírito de aventura, do entusiasmo por uma causa que, provavelmente, nem sabiam definir. Ainda em Mato Grosso, a rebelde Santa Rosa, que pertencia ao destacamento de Cordeiro de Farias, pariu um menino, o primeiro a nascer durante a marcha. Mas o inimigo vinha atrás, em perseguição à Coluna. Santa Rosa parou em pleno campo, teve o filho e, menos de 20 minutos depois, já estava novamente montada a cavalo, marchando com a tropa.

Uma vez reorganizada a Coluna, tornou-se mais fácil avançar com rapidez em direção a Goiás e dali para o Norte e Nordeste, na esperança de vir a receber armas, adesões ou algum outro tipo de reforço para a revolução.

"Belharim 3 horas

Prestes

Os filhos da puta dos policiais nos deram um trabalhinho.
Estavam avisados e em número de uns 40 homens.
Fizeram uma certa resistênciua mas não aguentaram os F. M.
Eles retiraram na quase totalidade pela estrada de auto e outros
extraviados.
Mandei avançar até uma légua e ainda tirotiamos os retirantes.
Aí vai um croqui dos arredores.
Aqui aguardo ordens.

Do Siqueira"

Bilhete de Siqueira Campos a Prestes. Os comandantes da Coluna comunicavam-se entre si ou com os seus subordinados por meio de pequenos bilhetes, onde transmitiam instruções, informações e até mesmo croquis dos mapas das regiões percorridas ou a percorrer

Integrantes da Coluna Prestes:

Capitão Djalma Soares Dutra,
comandante do 4º destacamento

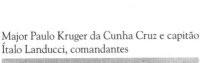

Major Paulo Kruger da Cunha Cruz e capitão
Ítalo Landucci, comandantes

Bacharel Lourenço Moreira Lima,
secretário da Coluna

Tenente Hermínio Fernandes Amado,
comandante do pelotão de disciplina.

O COMBATE DE ZECA LOPES E A MARCHA
ATRAVÉS DE GOIÁS E MINAS GERAIS

No percurso de Jaraguari, em Mato Grosso, à região de Mineiros, em Goiás, os rebeldes foram forçados a travar vários combates com as tropas motorizadas do major Klinger, que voltara a sair no seu encalço. A Coluna vinha conseguindo, contudo, livrar-se com êxito dessa perseguição (*ver o mapa 5*). Continuava a "guerra de emboscadas", para a qual as tropas legalistas não estavam preparadas. Fracassaram os intentos governistas de não permitir o ingresso da Coluna Prestes em Goiás. Mas o major Klinger insistia em fustigar os rebeldes pela retaguarda, deslocando-se pelas estradas de rodagem existentes na região.

Em 29 de junho de 1925, ao acampar na fazenda Zeca Lopes, o comando da Coluna recebeu a segunda carta de Klinger. O oficial intimava os rebeldes à rendição e oferecia-lhes garantias de vida, o que eles encararam como um insulto. Logo depois, foram novamente atacados. Indignados com o comportamento do adversário e tomados pela emoção, os rebeldes resolveram tentar batê-lo. Mas a potência de fogo inimiga era muito superior. A Coluna perdeu uns 30 homens e, apesar do grande heroísmo de seus combatentes, teve de retirar para não ser liquidada, ainda mais que Klinger poderia receber reforços pelas estradas que cortavam a região.

O combate de Zeca Lopes ocorreu em 30 de junho e foi um dos mais sangrentos de toda a marcha. Representou um marco importante na história da Coluna: nas cabeceiras do Rio Apa, com a vitória da posição de Prestes, evitou-se um combate decisivo com o major Klinger; em Zeca Lopes, os revolucionários irritaram-se com as propostas insolentes do oficial e acabaram se empolgando com a ideia de obrigá-lo a capitular, partindo para o ataque frontal às tropas governistas.

O erro tático cometido pelos rebeldes no combate de Zeca Lopes contribuiu decisivamente para que o comando da Coluna adotasse de uma vez por todas os procedimentos da tática guerrilheira: evitar, a todo custo, combates decisivos, fustigar o inimigo e recuar, recorrendo a emboscadas e abandonando as forças adversárias em suas trincheiras, sem que os rebeldes fossem incomodados. Optou-se, portanto, por uma estratégia que garantisse a própria sobrevivência e mantivesse viva a chama da revolução tenentista.

A Coluna Prestes em Rio Bonito, Goiás, em 5 de julho de 1925. Figuram em meio a soldados e populares, a partir da esquerda: em pé, Siqueira Campos (primeiro), Djalma Dutra (terceiro), Luiz Carlos Prestes (quarto), Miguel Costa (sexto) e Juarez Távora (sétimo); sentados, Lourenço Moreira Lima (primeiro) e Ítalo Landucci (segundo)

Chegada do destacamento de Cordeiro de Farias à cidade

A Coluna rumou para o Norte, em direção à cidade de Goiás, antiga capital do Estado. O major Klinger ficou para trás, imobilizado pela ausência de estradas que permitissem a passagem de seus caminhões. Em 5 de julho, aniversário dos levantes tenentistas de 1922 e 1924, os rebeldes entraram em Rio Bonito (hoje Caiapônia) e comemoraram a data com uma missa campal, oficiada pelo vigário da freguesia. Nessa marcha, os rebeldes simularam atacar a cidade de Goiás, provocando pânico no inimigo e nas populações locais; na realidade, não podiam nem pretenderiam fazê-lo, uma vez que não dispunham de força para tanto.

Ao se aproximar de Anápolis, o comando da Coluna foi abordado por uma delegação de comerciantes locais, que lhe solicitou que os rebeldes não entrassem na cidade, já ocupada pelas tropas de Klinger. Como os revolucionários estavam interessados em evitar confrontos desnecessários, que lhes poderiam custar caro, não se cogitou atacar Anápolis.

Nesse meio tempo, cresciam as divergências entre o major Bertoldo Klinger e o Estado-Maior bernardista. Desde o início da campanha militar contra a Coluna Prestes, Klinger compreendeu que seria impossível destroçar os rebeldes com os meios de que dispunha (infantaria e artilharia motorizada), devido à ausência de estradas adequadas para o trânsito dos caminhões do Exército e às dificuldades com o abastecimento de combustível. Mas os seus superiores insistiam na necessidade de perseguir a Coluna. Os generais governistas não aceitavam as ponderações de Klinger de que seria preferível buscar um entendimento político com o inimigo.

O major Klinger foi o único oficial do Exército brasileiro que entendeu a "guerra de movimento" dos rebeldes, concluindo que não conseguiria derrotá-los com os métodos da guerra convencional usados pelo governo. Mas os seus superiores não lhe deram ouvidos e, como Klinger viria a desobedecer as suas ordens, terminaria sendo preso e condenado.

Ao norte de Anápolis, Klinger, cumprindo ordens superiores, ainda tentou destroçar os rebeldes. Mas caiu numa emboscada e perdeu dois dos seus caminhões, com os quais os rebeldes fizeram uma fogueira, pondo os soldados governistas para correr. Impossibilitado de perseguir os revolucionários pelas estradas de rodagem, uma vez que a Coluna se embrenhou pelas matas, Klinger acabou desistindo de combatê-las. Foi mais uma vitória da Coluna Prestes e da sua tática de "guerra de movimento".

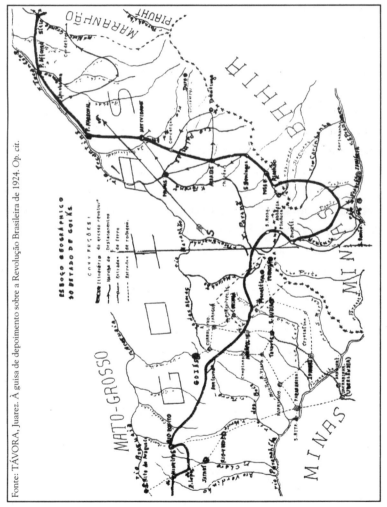

Mapa 5. A travessia de Goiás pela Coluna Prestes

Após a retirada de Klinger da campanha militar, os rebeldes marcharam com relativa tranquilidade rumo ao Norte-Nordeste. A Coluna desviou-se para leste, atravessando o vão profundo do Rio Paranã e seguindo pela margem do Rio Urucuia, já em Minas Gerais. Visava chegar ao Rio São Francisco e, quem sabe, atravessá-lo, na tentativa de ameaçar Belo Horizonte e, se houvesse condições, marchar sobre o Rio de Janeiro (*ver o mapa 5*). Logo a inviabilidade desse projeto ficou evidente – havia muitos policiais baianos, mobilizados pelo governo, navegando por aquele trecho do São Francisco e os rebeldes não dispunham de armamento suficiente para enfrentá-los.

Diante disso, a Coluna recuou e, após atravessar o Rio Carinhanha e marchar por uma pequena faixa do território baiano, voltou a penetrar em Goiás, dirigindo-se para o Norte. Ao passarem pela vila de Arraias (hoje no Estado de Tocantins), os rebeldes foram recebidos festivamente pela população local, que "ao som de músicas e foguetes ovacionou as tropas revolucionárias ao entrarem na cidade", conforme Moreira Lima registrou em seu diário.

Nessa região, que a Coluna atravessou com mais vagar, já corriam as lendas mais incríveis e fantásticas a respeito dos rebeldes. Em Chuva de Manga, dois negros velhos ficaram escandalizados quando Cordeiro de Farias lhes perguntou por canoas. Eles tinham ouvido falar que os revolucionários atravessavam os rios sem embarcações, pois possuíam um "aparelho de mangaba", que estendiam sobre as águas, passando por "riba deles"; também achavam que eles dispunham de uma "rede" de apanhar homens e cavalos, à qual ninguém escapava. Dizia-se ainda que, para andar depressa, os rebeldes só comiam as partes dianteiras do gado; foi a explicação que os matutos encontraram para o fato de os gaúchos desprezarem os quartos das reses, que não se prestam para churrasco.

Porto Nacional foi a cidade mais importante do Norte de Goiás visitada pela Coluna, que lá chegou em 16/10/1925. Alguns dias antes, o comando rebelde enviou uma mensagem às autoridades locais, pedindo que os

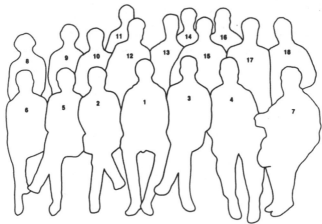

O comando da Coluna Prestes, reunido em Porto Nacional, em outubro de 1925: Miguel Costa (1), Luiz Carlos Prestes (2), Juarez Távora (3), João Alberto Lins de Barros (4), Antônio de Siqueira Campos (5), Djalma Soares Dutra (6), Osvaldo Cordeiro de Farias (7), José Pinheiro Machado (8), Atanagildo França (9), Emygdio da Costa Miranda (10), João Pedro Gonçalves (11), Paulo Kruger da Cunha Cruz (12), Ary Salgado Freire (13), Nélson Machado de Souza (14), Manuel Alves Lira (15), Sady Valle Machado (16), André Trifino Correia (17), Ítalo Landucci (18)

habitantes não abandonassem suas casas nem temessem os soldados da Coluna. Procurava-se, dessa forma, combater a propaganda governista, que espalhava mentiras e calúnias a respeito da Coluna, com o intuito de induzir as populações do interior a se esconderem, fugindo de vilas e cidades.

O apelo dos rebeldes surtiu efeito junto aos moradores e autoridades de Porto Nacional, que os receberam com muita hospitalidade. O comando da Coluna alojou-se no convento dominicano da cidade; o próprio superior do convento, frei José Audrin, recepcionou os revolucionários, tratando-os com grande consideração e respeito, que eles retribuíram devidamente. Ao mesmo tempo, Prestes mandou destruir toda a cachaça existente na cidade, medida fundamental para a manutenção da ordem pública.

Como em outros lugares do Brasil, a tortura fazia parte do cotidiano dos humildes de Porto Nacional. Na cadeia pública, os rebeldes encontraram, preso numa corrente, um negro velho e esquelético, acusado de homicídio. Apesar de ter sido julgado e absolvido, fora condenado a 30 anos de prisão celular, porque o juiz se encontrava embriagado quando lavrou a sentença. Como seu advogado não havia apelado da sentença absurda, o pobre homem estava encarcerado há 11 anos, tendo passado os 7 primeiros num tronco e os 4 últimos acorrentado. A Coluna tratou de fazer justiça e libertou esse prisioneiro, atitude que voltaria a repetir muitas vezes, em outros pontos do país.

Lourenço Moreira Lima escreveu no diário da Coluna:

Goiás é a terra dos troncos, gargalheiras[25] e palmatórias. Esses instrumentos de tortura povoam as suas cadeias. Destruímos quantos deparamos, bem como as palmatórias existentes nas escolas públicas.[26]

Após permanecer uma semana em Porto Nacional, onde editou o sétimo número do jornal *O Libertador*, a Coluna partiu, prosseguindo sua marcha em direção ao Maranhão.

---

[25] Gargalheira: Espécie de coleira com que se prendiam os escravos.
[26] MOREIRA LIMA, Lourenço. *op. cit.*, p. 199.

O doutor José Pinheiro Machado, do comando da Coluna, e um condenado que foi libertado durante a permanência dos rebeldes em Porto Nacional

A Coluna Prestes em Porto Nacional, em outubro de 1925: o Estado-Maior revolucionário com frei José Audrin, superior do convento dominicano da cidade

A Coluna no Norte e Nordeste

Ó São Francisco barreira
entre o oeste e o mar

tu vais servir ao governo
para a Coluna cercar?!

Eu nunca! Responde o rio
sou até capaz de secar

como outrora o Mar Vermelho
para a Coluna passar.
(Jacinta Passos, "A Coluna")

**A RECEPÇÃO CALOROSA NO MARANHÃO
E PIAUÍ E O "CERCO" DE TERESINA**

Em Carolina, a primeira cidade maranhense no caminho da Coluna, os rebeldes foram recebidos com grande entusiasmo, tanto pela população quanto pelas autoridades locais. Prestes explica:

Ao entrar no Maranhão, fomos recebidos como heróis. Por quê? Por ter vindo do Rio Grande e chegar até o Maranhão... Era um grande feito. O povo todo era simpatizante, porque havia no Maranhão uma grande oposição política ao governo.

Principalmente em Carolina, houve numerosas e expressivas manifestações de simpatia aos rebeldes, partindo até mesmo dos frades capuchinhos do convento existente na cidade. O semanário local, A

A MOCIDADE

— DIRECTOR: ELPIDIO PEREIRA —
GERENTE: AGENOR MONTURIL — COLLABORADORES: DIVERSOS

Anno IV — Carolina, 28 de Novembro de 1925 — Num. 160

A entrada das Forças Revolucionarias nesta cidade

No dia 15 do corrente chegou á esta cidade o 1º Destacamento das Forças Revolucionarias, sob o commando do Tenente Coronel Osvaldo Cordeiro de Farias, tendo como fiscal o major Virgilio Rodrigues dos Santos.

Acompanhavam esse Destacamento o Coronel Juarez Tavora, Sub-Chefe do Estado Maior da 1ª Divisão; Capitães Dr. Lourenço Moreira Lima, Secretario da Divisão, e Italo Landucci; e Tenentes Herminio e Adalberto Granja, officiaes do dito Estado Maior.

A 1ª Divisão é commandada pelo General Miguel Costa, sendo chefe do Estado Maior o Coronel Luiz Carlos Prestes e está dividida em quatro Destacamentos, commandados pelos Tenentes Coroneis: 1º Cordeiro de Farias; 2º João Alberto Lins e Barros; 3º Antonio Siqueira Campos, o heroe de Copacabana; e 4º Djalma Soares Dutra.

Essa divisão fez, do Rio Grande do Sul até esta cidade, 1130 leguas, a cavallo, ou 6780 kilometros, tendo atravessado innumeras serras e mais de 100 rios.

Tem combatido em S. Paulo, Paraná, S. Catharina, Rio Grande do Sul, Matto Grosso, Goyaz, Bahia e Minas Geraes, repellindo sempre vantajosamente o inimigo quando este tem pretendido embargar-lhe a passagem.

Aquella distancia não se refere á columna paulista. Esta da capital de S. Paulo á foz do Iguassú e serra do Medeiros percorreu uns 3000 kilometros, de sorte que já deve ter feito uns 8580 kilometros!

Entre os officiaes daquelle Destacamento notamos os Srs. Capitães Mendes de Moraes, Estevam, Hilario, Emygdio Miranda, Dr. Aquino, e Tenentes Agerson Dantas, Leopoldo, Rocha, João Pedro e outros.

Fomos informados de que o Marechal Izidoro Lopes, commandante e Chefe do Exercito Libertador, está na Argentina, dirigindo a campanha revolucionaria no Sul do Paiz.

O 1º Destacamento tem recebido grande numero de voluntarios em todos os logares onde tem passado e, especialmente nesta cidade.

A' 19 foi rezada uma missa por alma do bravo Capitão Joaquim Tavora, morto heroicamente em combate na capital Paulista, em Julho do anno passado.

O Capitão Joaquim Tavora foi o organisador extraordinario da Revolução.

No mesmo dia, ás 12 horas, foi hasteada a bandeira nacional no edificio da Camara Municipal, sendo queimados em seguida os executivos fiscaes para cobrança dos impostos estaduaes e municipaes.

Ao ser hasteada a bandeira, o 1º Destacamento entoou o hymno de Olavo Bilac, acompanhado pela banda de musica carolinense.

Compareceu á essa festa quasi toda a população desta cidade.

Falaram nesse momento os Srs. Coronel Juarez Tavora e Capitão Dr. Lourenço Moreira Lima.

Foram lidos o Boletim do commando do 1. Destacamento e os *CONSIDERANDOS* para a destruição dos referidos executivos, os quaes transcrevemos abaixo:

Boletim das Forças Revolucionarias

FESTA DA BANDEIRA

Hoje á esta hora, em toda a vastidão desse paiz grandioso, coberto de bençãos se içará o labaro sacrosanto do Brazil.

É que se commemora a festa da Bandeira.

Não quizemos, nós, os Revolucionarios, já que nos é do occasião propicia para festejal-a, deixar que despercebida passasse esta data. E aqui estamos prestando tambem o nosso culto á essa Bandeira, que gloriosa já tremulou erguida por braços varonis em batalhas sangrentas, mostrando aos combatentes brasileiros, que a Nação delles exigia o sacrificio supremo — «a suprema ventura de vencer ou morrer pelo Brazil».

Contemplando-te Bandeira — imagem da Patria — apparece-nos a figura de um Marcilio Dias, marinheiro humilde que, corpo a corpo, perdeu a vida, lutando heroicamente em Riachuelo, para que não cahisses em mãos dos paraguayos !

Contemplando-te Bandeira, vêm-nos á mente a figura do commandante do 4. Batalhão de Artilheria Mixta, que na

Sem dores rheumaticas
Depurando e Tonificando
o SANGUE com o
TAYUYÁ
— DE —
S. JOÃO DA BARRA
TEREIS SEMPRE
SAUDE E BEM ESTAR

ELIXIR DE INHAME
DEPURA FORTALECE
E ENGORDA

A Coluna Prestes em Carolina, Maranhão, em novembro de 1925: o periódico *A Mocidade* noticia a chegada dos rebeldes

Edição número 8 de *O Libertador*, impressa nas oficinas do jornal local

Mocidade, dedicou alguns de seus números à chegada e permanência dos revolucionários, dando-lhes cobertura completa. Além disso, suas oficinas foram oferecidas para a impressão da oitava edição de *O Libertador*.

Enquanto o grosso da Coluna marchava em direção ao Rio Parnaíba, chegou a Carolina apenas o 1º destacamento, comandado por Cordeiro de Farias, acompanhando por Juarez Távora, subchefe do

Juarez Távora discursa diante da população.

Oficiais da Coluna Prestes com os frades capuchinhos de Carolina

Estado-Maior (*ver o mapa 6*). Nessa cidade, os rebeldes cumpriram uma intensa programação, que incluiu missa pela alma do capitão Joaquim Távora, hasteamento da bandeira nacional na Câmara Municipal e discursos de Juarez Távora e Lourenço Moreira Lima. Na mesma solenidade, queimaram-se os documentos fiscais para cobrança de impostos, o que provocou demonstrações de grande júbilo

Mapa 6. A Coluna Prestes no Maranhão e Piauí

por parte da população. E não era para menos: aquela gente sofrida jamais assistira coisa igual.

A Coluna, em sua marcha pelo Brasil, tentava fazer justiça, queimando livros e listas de cobrança de impostos, soltando os prisioneiros e destruindo os instrumentos de tortura que encontrava. Esse comportamento dos revolucionários conquistava a simpatia dos humildes e injustiçados, mas não era suficiente para mobilizá-los a uma participação ativa na luta.

Além disso, a oficialidade da Coluna não tinha a menor ideia do problema da terra, não avaliava a importância dessa questão para o trabalhador rural. Por isso, não foi capaz de propor ao homem do campo um programa que o atraísse. Para os "tenentes", a reforma agrária era um assunto desconhecido, aí residindo, provavelmente, a causa principal da passividade revelada pelo sertanejo diante da marcha dos rebeldes. Era sintomático que a Coluna tratasse o fazendeiro e o trabalhador rural do mesmo jeito. Prestes é explícito: "Essa noção de classe, nós não tínhamos ainda. Tratávamos, às vezes, o fazendeiro melhor do que o camponês".

Ao ingressar no Maranhão, em novembro de 1925, a Coluna dividiu-se em três corpos, para melhor distrair a atenção do inimigo. Prestes recorda:

> Uma parte da Coluna ficou comigo e tomamos a direção do Rio das Balsas, que corre no Sul do Maranhão, é um afluente do Parnaíba, que é o rio que separa o Maranhão do Piauí. Uma segunda coluna, comandada por Siqueira Campos, para marchar mais ao norte, para chegar também naquele rio, um pouco abaixo de Floriano, que é a cidade principal do Piauí. E uma terceira coluna, que era comandada pelo João Alberto, para marchar mais pelo centro. Mas todas orientadas no sentido do Rio Parnaíba.

O governador do Piauí, Matias Olímpio, havia mandado o tenente Jacob Gaioso e Almendra, comandante da Polícia do Estado, à frente de 2,3 mil homens, para Benedito Leite, no lado maranhense do

Rio Parnaíba. Quando os rebeldes se aproximaram e o seu piquete de vanguarda teve um ligeiro contato com o inimigo, este entrou em pânico e desatou a atirar a esmo. Os legalistas gastaram toda a munição durante a noite, sem atingir os revolucionários, que sequer pretendiam atacá-los, dada sua inferioridade numérica e em armamento. Depois de atirarem nas sombras, partiram em fuga desabalada pelo Parnaíba abaixo, em direção a Teresina, capital do Estado. Uma parte deles foi de barco, outra por terra, pela margem piauiense do rio. Muitos se afogaram.

Enquanto isso, a Coluna dividia-se em duas alas: uma marchava pela margem maranhense do Parnaíba, a outra pelo lado piauiense. Os rebeldes passaram pela cidade de Floriano e encontraram, no telégrafo local, um telegrama do tenente Gaioso ao governador. O texto narrava o combate que não houve, afirmando que os revolucionários vinham morrer nas trincheiras e que, à meia-noite, a munição acabara. Por isso, ele havia retirado... Era a suposta "vitória de Uruçuí" – cidade em frente a Benedito Leite, no lado piauiense do Parnaíba –, cujas "glórias" o governo procurou difundir.

A debandada das tropas do tenente Gaioso levou o pânico a toda a região, abrindo passagem livre para que os "revoltosos" (como eram chamados no Norte e no Nordeste) chegassem às portas de Teresina e de Flores (hoje Timon), situada defronte à capital do Estado, na margem oposta do Rio Parnaíba. A Coluna Prestes havia superado mais uma "barreira intransponível", segundo a concepção dos legalistas.

Prestes comandava as tropas que incluíam o 1º e o 3º destacamentos, marchando pela margem maranhense do Parnaíba. Ao alcançar Flores, essa força atacou a cidade, mas os rebeldes quase não dispunham de munição. Havia apenas três tiros por soldado. Siqueira Campos, que era muito brincalhão e andava sempre a fazer troça, não perdeu a oportunidade de lançar uma de suas ironias, dizendo, com uma caixa de charutos embaixo do braço: "É a minha reserva de munição!"

Os rebeldes chegaram às portas de Teresina, mas não pretendiam tomá-la – sabiam que seus recursos humanos e militares eram insuficientes para um confronto com os 4 mil homens que o governo havia concentrado na capital do Piauí. Mas os generais legalistas temiam o ataque rebelde, mostrando total desinformação e incompetência diante das investidas da Coluna. O comandante em chefe das forças federais enviadas para a defesa do Norte e Nordeste, general João Gomes, instalara-se na capital do Maranhão e de lá dirigia as operações militares no Piauí. Sua tática consistia em entregar Teresina aos rebeldes, para depois recuperá-la... O governador do Piauí, não aceitando semelhante absurdo, tratou de organizar a defesa da capital, pedindo ajuda ao governo federal, pois a Polícia Militar do Estado já atestara sua incapacidade em Uruçuí.

Na realidade, houve incompetência tanto do general quanto do governador. Ambos fracassaram no intento de liquidar os revoltosos. Após levar os legalistas ao pânico, tendo ameaçado a própria capital do Piauí, a Coluna retirou-se de Teresina. E, num primeiro momento, as autoridades sequer se aperceberam do fato. A Coluna deixou o Piauí, sem sofrer a tão falada derrota, embora os informes oficiais continuassem a apresentar os rebeldes em permanente fuga.

Ainda em território piauiense, ocorreu o primeiro e único contato da Coluna Prestes com elementos do Partido Comunista do Brasil, fundado em 1922. No início de 1926, dois emissários de Cristiano Cordeiro, dirigente comunista de Pernambuco, e do tenente Cleto Campello informaram ao comando rebelde sobre a conspiração que se desenvolvia em Recife. Campello pretendia sublevar o Batalhão de Caçadores dessa cidade, contando com o apoio do operariado local. Também estavam programados levantes na Paraíba, Ceará e Sergipe. Cristiano Cordeiro e Cleto Campello solicitaram o apoio da Coluna, cujo comando comprometeu-se a conduzir os rebeldes às proximidades de Recife. Mas, da mesma forma que os demais levantes planejados em outros pontos do país, as revoltas previstas fracassaram no nascedouro ou foram descobertas pela polícia antes de eclodirem.

No início de fevereiro de 1926, Cleto Campello levantou-se com um pequeno grupo de civis na cidade pernambucana de Jaboatão e partiu para Gravatá, onde tombou heroicamente. Então, o comando dessa pequena força foi ocupado pelo sargento Waldemar de Paula Lima, que terminou barbaramente degolado um pouco adiante, quando tentava, junto com seus companheiros, alcançar a Coluna Prestes no sertão do Estado.

Em janeiro de 1926, a Coluna marchava com pressa rumo a Pernambuco, com a intenção de colaborar com o levante de Campello. Deixara para trás, entrincheiradas em Teresina, as forças governistas, que, temerosas, aguardavam um ataque rebelde.

Tenente Cleto Campello, morto em fevereiro de 1926, quando liderava um levante nas imediações de Recife

Pouco antes de chegar à fronteira com o Ceará, num lugarejo chamado Riachão (hoje Monsenhor Hipólito), Prestes foi promovido a general e Siqueira e João Alberto a coronéis. Era, assim, reconhecida pelo comandante Miguel Costa uma situação de fato – o papel destacado de Prestes à frente da Coluna.

O PAPEL DO PADRE CÍCERO, O COMBATE DE PIANCÓ E A TRAVESSIA DO SÃO FRANCISCO

Enquanto o grosso da Coluna invadia o Sul do Ceará, o destacamento de João Alberto ingressava nesse Estado pelo Norte, ameaçando Sobral e Fortaleza (*ver o mapa 7*). O objetivo dessa manobra era atrair as forças governistas para a defesa da capital do Estado, permitindo ao grosso revolucionário atravessar tranquilamente o Sul do Ceará.

Em 26 de janeiro, a Coluna reuniu-se novamente na cidade de Arneiroz, em pleno sertão cearense, e de lá rumou para o Rio Grande do Norte. Os revoltosos passaram livremente pelo Ceará, conseguindo driblar o inimigo, que se concentrara no Norte, atraído pelas tropas de João Alberto, e, no Sul, nas cercanias de Campos Sales, Crato e Juazeiro. Nessa região, o deputado Floro Bartolomeu – político ligado ao padre Cícero – reunira forças consideráveis, integradas por cangaceiros e criminosos; essas tropas, contudo, não se arriscaram a atacar os rebeldes.

Padre Cícero, famoso sacerdote de Juazeiro, mostrou-se solidário com o governo Bernardes e disposto a colaborar com os legalistas durante todo o período em que a Coluna Prestes marchou pelo Nordeste. Quando os rebeldes já se encontravam em território pernambucano, o sacerdote concordou em receber Lampião em Juazeiro e participou da cerimônia de concessão da patente de capitão do Exército ao chefe cangaceiro, abençoando-o, assim como os seus comandados. Nessa ocasião, eles receberam a missão de combater a Coluna nos sertões nordestinos, dispondo de armas e munições fornecidas pelo ministro da Guerra.

AO POVO PARAHYBANO

Por ordem do Marechal Izidoro Dias· Lopes, generalissimo do exercito revolucionario da Republica, e de accordo com o manifesto da Junta de S. Paulo, publicado em 5 de Julho de 1924, desfraldamos a bandeira revolucionaria nas terras parahybanas, berço de Almeida Barretto e Maciel Pinheiro, conscios de que o nosso gesto será heroicamente correspondido.

Não nos move a ambição de mando nem nos seduzem as posições lucrativas; temos em mira, somente, a libertação de nossa cara patria, o prestigio da lei e do direito supprimidos pela tyrannia bernardescá ; o acatamento á Constituição eclypsada pelas nuvens densas dessa noite tenebrosa que envolve o Brasil ; o esmagamento completo da politica profissional, que reduziu o povo brasileiro á condição de escravo.

Argumentamos com factos. De ha muito que pesa sobre a nossa nacionalidade a desgraça de uma politicalha baixa e cruel de mãos dadas com a ladroeira mais ignobil de que ha memoria nos annaes administrativos do paiz. O roubo de duzentos mil contos mascarado com a «Revista' do Supremo Tribunal», é uma prova evidente da desmoralisação do regime e da decomposição moral dos homens que nos governam.

Tentou-se abater as classes armadas para se afastar a ultima resistencia á politica de lama e sangue seguida pelo sinistro Bernardes, mas o exercito e a armada, pelos seus mais fidimos representantes, preferem morrer no campo da honra, a baixar a cerviz, a cahir aos pés dos seus algozes, a entoar o «Ave Cezar» aos liberticidas, aos assassinos da patria.

Povo Parahybano! Aqui estamos em obediencia ás ordens do general Miguel Costa e Cel. Carlos Prestes, chefes do grande exercito do Norte, cujo heroismo e esplendidas victorias não vos são desconhecidos. Tranquilisai-vos : Só queremos a vossa paz e a vossa felicidade.

Não somos bandoleiros, somos combatentes leaes e desinteressados de uma causa santa, de uma causa que resume as mais ardentes esperanças da nossa nacionalidade.

Povo Parahybano! Contamos com o vosso decidido apoio ao movimento libertador que iniciamos neste estado, e esperamos que as nossas determinações militares impostas pela guerra, sejam acceitas com sympathia.

Os vossos lares, as vossas famílias, os vossos haveres, serão respeitados religiosamente pelos soldados da Revolução.

O invencivel Exercito Libertador aproxima-se das fronteiras da gloriosa terra parahybana. Preparemo-nos para abrir caminho á sua marcha triumphal.

Viva o povo parahybano !
Viva o marechal Izidoro Lopes !
Viva o dr. Assis Brasil !
Viva a Revolução Brasileira !
Parahyba, 5 de Fevereiro de 1926.

> GENERAL MIGUEL COSTA
> CORONEL CARLOS PRESTES
> I° TENENTE ARISTOTOLES SOUZA DANTAS, Instructor da Escola Militar
> I. TENENTE L. SERÔA DA MOTTA, da Escola de Aviação do Exercito.

Manifesto revolucionário distribuído na Paraíba, no início de 1926

Em 3 de fevereiro, a Coluna iniciou a travessia da Serra do Pereiro, divisa com o Rio Grande do Norte. Foi uma passagem difícil, por um terreno muito abrupto. Chegando ao topo, a vanguarda de João Alberto teve de enfrentar o inimigo, que, batido, debandou, deixando mortos e feridos.

No dia seguinte, a Coluna atravessou o Rio Grande do Norte, desbaratando os "patrióticos" que encontrou pelo caminho, e, em 5

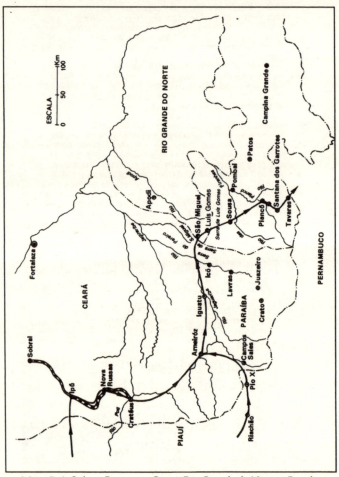

Mapa 7. A Coluna Prestes no Ceará, Rio Grande do Norte e Paraíba

de fevereiro, os revoltosos invadiram a Paraíba. Ao chegar à vila de Piancó, a Coluna foi atacada pela força que a guarnecia, formada por cerca de 60 policiais e perto de 100 cangaceiros, sob o comando do padre Aristides Ferreira da Cruz, chefe político local e deputado estadual. Logo ao entrar na vila, o sargento Laudelino, muito querido pela tropa e integrante da Coluna desde o Rio Grande do Sul, foi atingido pelo fogo cruzado do inimigo. Isso provocou uma indignação muito grande dos soldados rebeldes, que atacaram o adversário feito feras, levando à sua debandada.

O padre Aristides, isolado, içou bandeira branca, mas, na sequência, seus capangas conseguiram matar mais cinco soldados da Coluna. Eis o relato de Cordeiro de Farias:

> As primeiras balas mataram à queima-roupa seis homens que vinham comigo desde o Rio Grande... Isso me provocou um ódio incontrolável. Decidi resistir a qualquer preço. (...) Ninguém evita o ódio numa situação daquelas.[27]

O padre e seus homens acabaram se entregando e sendo fuzilados pelos rebeldes. Foi uma explosão espontânea de ódio, provocada por uma vil traição (o hasteamento da bandeira branca e, ao mesmo tempo, o ataque aos rebeldes), que levara à morte de companheiros queridos. Não se tratou de um ato de simples vandalismo, igual àqueles cometidos pelas tropas da "legalidade" contra mulheres e homens indefesos, como o bárbaro assassinato da velha cozinheira Tia Maria – que acompanhava a Coluna desde São Paulo –, cruelmente sangrada pela polícia da Paraíba.

Em Pernambuco, no lugarejo chamado Carneiro, a Coluna travou seu primeiro combate com as tropas da polícia do Estado (*ver o mapa 8*), batalha que entraria para a história devido à sua violência. Os revoltosos destroçaram completamente o inimigo, apoderaram-se de

---

[27] CAMARGO, Aspásia e GÓES, Walder de (org.). *Meio século de combate: diálogo com Cordeiro de Farias*. Rio de Janeiro, Nova Fronteira, 1981, p. 145

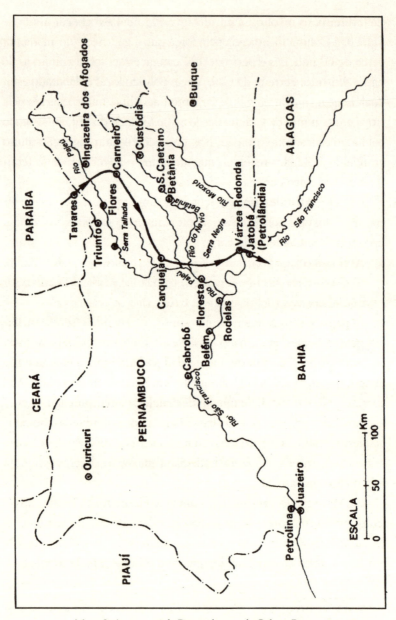

Mapa 8. A travessia de Pernambuco pela Coluna Prestes

seus caminhões e os incendiaram, como já haviam feito com os do major Klinger, em Goiás.

Nos dias que se seguiram, os rebeldes não tiveram descanso, sendo permanentemente acossados por tropas inimigas do Exército, de diversas polícias estaduais e de cangaceiros. A Coluna era obrigada a permanecer na região, pois o Rio Pajeú estava cheio, o que tornava muito difícil a sua travessia. Entre 15 e 20 mil homens combatiam os revolucionários, na zona do vale do Pajeú e do Riacho do Navio. Nesse meio tempo, uma patrulha rebelde que partira em direção a Recife, na tentativa de obter informações sobre o projetado levante do tenente Cleto Campello, acabou regressando, pois, ao chegar à cidade de Buíque, soubera do fim trágico dos companheiros que se rebelaram em Jaboatão.

A única saída para os rebeldes era tentar alcançar o Rio São Francisco e atravessá-lo, passando à Bahia, onde havia esperanças de conseguir armas e algum tipo de apoio.

Chegando à Fazenda Cipó, a Coluna foi violentamente atacada, enfrentando um dos seus mais sérios combates, com grande número de mortos e feridos. Mais uma vez os rebeldes conseguiram escapar, escoando-se pelas estradas vicinais. Reuniram-se adiante, na fazenda Buenos Aires, onde acamparam em 22 de fevereiro. Estavam num contraforte da Serra Negra. No entanto, três poderosas colunas inimigas aproximavam-se, com a intenção de envolver a Coluna num círculo de ferro.

Prestes fez, então, uma manobra audaciosa, marchando dia e noite através de caatingas e atoleiros, acossado por uma chuva torrencial, indo sair na fazenda Brejinho, perto do Rio São Francisco. E, novamente, o conhecimento minucioso do terreno, um "detalhe" desprezado pelos legalistas, contribuiu de forma decisiva para o êxito da manobra. O serviço de informação da Coluna, apoiado nas potreadas, funcionou bem.

Após ultrapassar atoleiros terríveis, os rebeldes conseguiram chegar ao São Francisco. A travessia do rio foi empreendida entre o lugarejo de Várzea Redonda e a cidade de Jatobá (hoje Petrolândia), durante o dia 25 e a madrugada de 26 de fevereiro. O inimigo já levara todas as embarcações disponíveis para o lado baiano do São Francisco, mas um soldado da Coluna descobriu uma pequena canoa escondida no mato e usou-a para atravessar o rio; na volta, trouxe outra maior, com a qual se iniciou a passagem da Coluna para a Bahia. Barcaças maiores foram arranjadas no lado direito do São Francisco e, rapidamente, todos os revolucionários alcançaram a margem oposta, vencendo mais uma "barreira intransponível", segundo os generais bernardistas.

A Coluna passou para a Bahia sem encontrar resistência inimiga: os governistas não esperavam tal façanha dos rebeldes e continuavam concentrados mais ao norte, na região do Riacho do Navio e da Serra Negra. Mais uma vez, 1,2 mil homens quase desarmados, mas animados pela garra da Coluna Prestes, conquistavam uma grande vitória, deixando para trás cerca de 20 mil soldados bem armados e municiados, dispondo de veículos motorizados, que o governo deslocara para a região.

A travessia da Bahia, a marcha para o exílio e o fracasso do combate governista à Coluna

Dentro da noite, uma vela
de cera de carnaúba
com sua luz amarela
um fio de luzes subindo
que procissão é aquela?
na Serra do Sincurá
soldados caminham nela
subindo a pé vão puxando
os animais vão naquela
marcha lenta, padiolas
da chama à luz amarela
os homens de sete fôlegos
ofegam, que marcha aquela!
dentro da noite, Coluna,
dentro da noite, uma vela.
(Jacinta Passos, "A Coluna")

A CAMPANHA DA BAHIA E MINAS GERAIS

Durante algum tempo, os rebeldes seguiram a pé pelos sertões da Bahia, pois os poucos animais que os acompanharam na travessia do Rio São Francisco destinavam-se aos doentes e às cargas. Só após vários dias de marcha, encontraram cavalos e, de Salgado Melão em diante, grande quantidade de jumentos, que também serviram de montaria para os soldados da Coluna (*ver o mapa 9*). O próprio Prestes marchava a pé, e o contato direto e permanente com os soldados criou laços de grande amizade e afeição entre ele e seus comandados. Prestes conhecia a todos pelo nome e apelido.

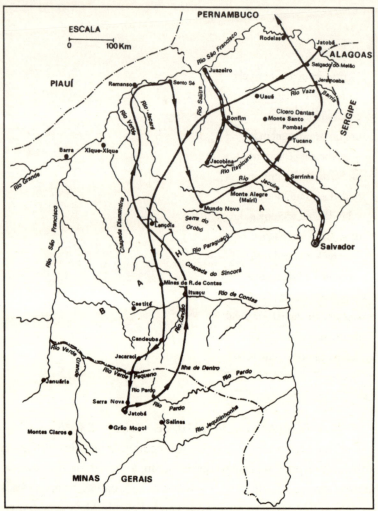

Mapa 9. A travessia da Bahia e Norte de Minas Gerais (ida e volta) e a manobra do "laço húngaro"

Devido à propaganda feita pelo governo contra os rebeldes, as populações, em pânico, abandonavam as vilas, povoados e cidades, temerosas do que lhes poderia acontecer com a chegada dos revoltosos. Quem, entretanto, cometia toda sorte de tropelias contra o povo indefeso eram as tropas a serviço da "legalidade".

Os revolucionários marcharam em direção ao sul, através da Chapada Diamantina, entre os rios que correm para o Atlântico e os que escoam para o São Francisco. O trajeto foi uma escolha deliberada de Prestes, para evitar as águas desses rios naquele período de chuvas intensas.

Ao atravessar a Chapada Diamantina, a Coluna escapou das enchentes dos rios, mas passou a ser fustigada pelos jagunços do "coronel" Horácio de Mattos, o verdadeiro dono da região. Tanto esse "batalhão patriótico" quanto outros – compostos por cangaceiros chefiados por diversos "coronéis" do Nordeste, pagos pelo governo federal e armados pelo Ministério da Guerra – empenharam-se, a partir dos sertões baianos, numa perseguição atroz aos rebeldes. Devido aos repetidos insucessos das forças militares governistas no combate à Coluna Prestes, os jagunços dos "coronéis" nordestinos passaram a representar o principal instrumento do governo na luta contra os revoltosos.

Com o objetivo de destroçá-los, todos os meios tornaram-se válidos e o dinheiro correu a rodo, sendo fartamente distribuído entre os "coronéis" a serviço da "legalidade". Chegou-se a oferecer 100 contos de réis pela cabeça de cada um dos comandantes da Coluna.

Os "batalhões" de jagunços, juntamente com as tropas do Exército e das polícias estaduais, formaram um contingente de cerca de 20 mil homens, que, nas palavras de Moreira Lima, "nos agrediam, quase diariamente, de dentro das caatingas, nos desfiladeiros, por detrás das penedias,[28] numa fúria satânica".[29]

---

[28] Penedia: Rocha, rochedo, reunião de penedos.
[29] MOREIRA LIMA, Lourenço. *Op. cit.*, p. 293.

No final de fevereiro de 1926, chegou à Bahia o general Álvaro Mariante, designado pelo ministro da Guerra para comandar as operações das tropas legalistas em Goiás, Minas Gerais e Oeste da Bahia. E as divergências entre esse oficial e o general João Gomes, que chefiava as operações contra os rebeldes em todo o Norte e Nordeste, não tardaram a surgir. Mariante criticava seu superior hierárquico por ter subestimado a capacidade de o inimigo atravessar o Rio São Francisco e por não ter deslocado para Juazeiro os 4 mil homens que as autoridades militares lhe haviam prometido.

Mas a principal causa das desavenças entre os dois generais – situação que acabaria levando João Gomes a se demitir do posto que ocupava, sendo imediatamente substituído por Mariante – residia no plano proposto por Gomes para destroçar os revoltosos. Ele concebera uma complicada manobra para deter a passagem da Coluna Prestes: criar uma extensa barreira, de mais de 400 quilômetros, composta pelas forças legalistas. Mariante logo compreendeu que esse plano era irrealizável, pois os rebeldes conseguiriam escapar e passar tranquilamente ao largo da suposta barreira idealizada pelo comandante das tropas legalistas na região.

Considerando a tática de Prestes – que consistia em durar e, para isso, a Coluna se mantinha em permanente movimento –, Mariante propôs a criação de "grupos de caça" de grande mobilidade. Na sua concepção, essas tropas seriam capazes de marchar tanto quanto as rebeldes e estariam preparadas para ir arrebanhando cavalos pelo caminho, como fazia o inimigo. Esse general percebeu que os jagunços e cangaceiros dos sertões nordestinos estavam mais bem preparados para enfrentar a "guerra de movimento" do que as forças regulares do Exército e das polícias militares estaduais.

Com a substituição do general João Gomes pelo general Mariante no comando geral das tropas legalistas, acionou-se um grande dispositivo militar contra os rebeldes: agora, a perseguição avançava tanto por terra quanto ao longo do Rio São Francisco. Não obstante tudo isso, a Coluna atravessou a Chapada Diamantina, passando pelo Sul da Bahia, e entrou em Minas Gerais, em 19 de abril de 1926, tomando a direção de Montes Claros. Mas o governo, temendo que os rebeldes viessem a marchar sobre Belo Horizonte, ou mesmo sobre o Rio de Janeiro, já havia concentrado um enorme contingente militar no Norte de Minas, visando impedir a passagem da Coluna.

A situação tornou-se muito grave para os destinos revolucionários. Prestes compreendeu que era preciso retroceder. Diante disso, o comando da Coluna pôs em prática uma manobra audaciosa e inesperada, que ficou conhecida por "laço húngaro", pois o trajeto da marcha dos rebeldes lembra o desenho de um laço desse tipo (*ver o mapa 9*). A manobra teve início com o deslocamento da vanguarda revolucionária, comandada por João Alberto. Essa tropa atraiu uma primeira coluna legalista para o lugarejo Riachão dos Machados e, em seguida, cortou o contato com ela, indo juntar-se ao grosso da Coluna, que Prestes escondera atrás de umas elevações não muito altas. Assim que esse primeiro batalhão inimigo passou, os rebeldes despencaram rapidamente das colinas e cruzaram o caminho por onde passaria, logo depois, uma segunda coluna de legalistas, que também se dirigia para Riachão dos Machados. Dessa forma, enquanto o inimigo avançava sobre Minas, os rebeldes marcharam em direção oposta, rumo a Rio Pardo. Com essa manobra – que viria a ter grande repercussão, trazendo mais glórias para a Coluna e o seu chefe –, livraram-se da perseguição governista e voltaram tranquilamente à Bahia, que havia sido abandonada pelos legalistas.

Em 30 de abril, a Coluna reingressou na Bahia. Houve um primeiro momento de certa calma, mas a situação logo se tornou perigosa. O adversário voltava a deslocar suas tropas para o Estado da Bahia, na tentativa de impedir que os revoltosos atravessassem de novo o Rio São Francisco. Diante desse contexto, só restava uma saída para a Coluna: retornar para Goiás e Mato Grosso, de onde seria possível tentar um contato com o general Isidoro. E, para isso, era necessário cruzar novamente o São Francisco.

Em sua caminhada rumo ao rio, os rebeldes enfrentaram condições terríveis para conseguir driblar as forças legalistas. Primeiro, tiveram de percorrer uma árdua caatinga, tão assustadora que ficara conhecida pelo nome de "estrada cruel". Depois, marcharam pelas margens pantanosas do São Francisco em plena cheia, sem poder atravessá-lo, muitas vezes com água até a cintura. Por fim, precisaram desviar-se do leito do rio, além de Sento Sé (*ver o mapa 9*), e infletir rumo ao interior da Bahia.

Enquanto isso, as tropas inimigas avançavam sob o comando do general Mariante, que pretendia esmagar a Coluna Prestes, primeiro, na caatinga e, depois, nas margens pantanosas do São Francisco. Mas o oficial foi surpreendido pela capacidade infinita de os rebeldes desaparecerem de um lugar para reaparecerem invictos em outro, mais adiante. Nem mesmo os jagunços a serviço dos "coronéis" conseguiram vencer os soldados de Prestes.

Os revolucionários traçaram um grande arco até a cidade de Monte Alegre (hoje Mairi), e de lá se dirigiram para o Nordeste, atravessando a Estrada de Ferro Central da Bahia e infletindo para o norte, até as proximidades de Jeremoabo. Dessa região, a Coluna marchou para a vila de Rodelas, nas margens do São Francisco, lugar em que, afinal, conseguiu atravessar o rio, ingressando em Pernambuco em 2 de julho de 1926. Nas palavras de Moreira Lima, "a campanha da Bahia e Minas foi mais uma vitória da inteligência sobre a superioridade de número e dos elementos".[30]

A MARCHA PARA O EXÍLIO E O FRACASSO GOVERNISTA NO COMBATE À COLUNA

A Coluna marchou pelos sertões de Pernambuco, rumo ao sul do Piauí, sempre perseguida pelas tropas de jagunços. Dali retornou à Bahia, pela margem esquerda do São Francisco. Finalmente, em 20 de

---

[30] MOREIRA LIMA, Lourenço. *Op. cit.*, p. 370.

agosto, reingressou em Goiás, local de um combate em que o general Miguel Costa foi ferido; mas os jagunços a soldo do governo tiveram de bater em retirada, acossados e desbaratados pelos rebeldes, após violento entrevero.

Em setembro do ano anterior (1925), chegara a Goiás, na região do Planalto Central, o comandante da Força Pública de São Paulo, coronel Pedro Dias de Campos, à frente de 4 mil homens bem treinados e municiados. Diante do fracasso do combate governista aos rebeldes, o presidente Bernardes decidiu aceitar a oferta do referido coronel, que se propôs a barrar o avanço da Coluna para o sul daquele Estado. Com esse objetivo, mobilizou-se até uma flotilha de aviões da Força Pública paulista. Prestes recorda:

> Eram 4 mil homens. Um regimento de cavalaria, dois batalhões de infantaria e uma companhia de metralhadoras. Agora... a burrice desse coronel... Havia três estradas principais, que saíam do Sul de Goiás, indo para o norte. Então, na estrada central, a 300 quilômetros do quartel-general dele, colocou o regimento de cavalaria. Na outra estrada, à direita, colocou um batalhão; na outra estrada, outro batalhão. O regimento de cavalaria foi colocado justamente na cidade de Arraias, que eu conhecia. (...) Agora, aí tem rios muito grandes para atravessar. (...) Mas ele não colocou nenhuma guarda nas passagens dos rios.

Dispondo de um eficiente sistema de informações, garantido pela ação das potreadas e pela perspicácia do comando da Coluna, Prestes, mais uma vez, desvendou a tática do adversário e tratou de evitá-la. Após contornar Arraias, pois era impraticável atacar um regimento de cavalaria, a Coluna atravessou a estrada que ligava esse regimento com o batalhão de infantaria. Prestes conta:

> Eles estavam fazendo patrulhamento de caminhão. De maneira que pegamos logo um caminhão desses. E, com esse caminhão, com os soldados que pegamos aí, nós localizamos a tropa toda de Pedro Dias de Campos! (...) Aí, saímos em marcha relativamente acelerada, atravessamos esses rios e não encontramos nenhuma objeção nos passos, e fomos cair em cima do

quartel-general do Pedro Dias de Campos. Não atacamos, porque estava lá a companhia de metralhadoras pesadas.

A Coluna deixou para trás Pedro Dias de Campos, como antes tinha deixado vários outros generais do Exército. Esse coronel havia guardado as três estradas principais de Goiás, esquecendo-se de guardar o fundamental – os passos dos rios, que constituíam caminho obrigatório para quem marchasse em direção ao sul do Estado. O seu plano grandioso de obstruir a passagem dos rebeldes falhara vergonhosamente.

Da mesma forma, todas as outras tentativas do governo de deter os rebeldes, impedindo sua marcha por Goiás e Mato Grosso, também viriam a fracassar. Foram incontáveis os desastres sofridos pelos legalistas empenhados na perseguição à Coluna. Pelo menos duas vezes eles combateram entre si, repetindo o célebre episódio de Maria Preta, em Santa Catarina. Ao mesmo tempo, intensificavam-se as acusações mútuas entre as autoridades que pretendiam esmagar os revolucionários.

Dado o fracasso governista no combate à Coluna Prestes, ela poderia continuar percorrendo o país, tirando partido de sua mobilidade extrema, a grande arma que a tática da "guerra de movimento" lhe conferia. Mas Prestes compreendeu que havia chegado a hora de mudar de tática. Uma nova visão do Brasil – que ele adquirira durante a marcha da Coluna, ao se deparar com a terrível miséria em que vegetava a maior parte da população do país – contribuiu de forma decisiva para essa conclusão. Prestes ficara profundamente impressionado com a situação das massas rurais do interior do Brasil. Seu depoimento ajuda a entender aquele contexto:

> Já estávamos em outubro de 1926. O Washington Luís já tinha sido eleito (presidente da República)... Eu já estava convencido de que nós estávamos diante de um problema social muito grave. Como é que um país tão rico, e o povo vivia naquela miséria? E que nós tínhamos de estudar esse problema para encontrar a solução, saber qual era a solução. Essa era a minha opinião.

Mas os outros (os outros comandantes da Coluna)... não se preocupavam com isso, em geral os outros não se preocupavam.

Prosseguindo, Prestes torna mais clara sua posição naquele momento:

Eu já estava convencido de que a substituição pura do Bernardes não ia resolver nenhum problema. Nós estávamos diante de um problema social profundo, mas não conhecíamos as causas dessa miséria. Por que um país como o nosso, e o povo vivia num estado de miséria tão grande? Por outro lado, com a guerra civil, quem mais sofria era o próprio povo. Porque o próprio camponês, de quem nós tirávamos um cavalo, ficava desarmado, porque era o animal que ele tinha para todo o trabalho, para o transporte da mercadoria e tudo. Além disso, o inimigo, que vinha atrás, cometia desatinos. De maneira que contribuir para terminar com a guerra civil, eu achava que já era um dever, já que nós víamos que não era com a substituição do Bernardes – que era o nosso objetivo – que íamos resolver esse problema.

Com a posse do novo presidente da República, Washington Luís, em novembro de 1926, tornou-se evidente, para o comando da Coluna, que era necessário buscar novos caminhos de luta, caminhos que efetivamente apontassem para a real solução dos graves problemas que o país enfrentava.

Vencendo enormes dificuldades – através de terríveis atoleiros, muitas vezes com água até o peito ou mesmo a nado – e sempre combatendo as tropas governistas, que nunca abandonaram a perseguição, a Coluna ingressou na Bolívia em 3 de fevereiro de 1927. Como assinalou Moreira Lima, "não vencemos, mas não fomos vencidos".[31] Durante 2 anos e 3 meses, 18 generais a serviço do governo Bernardes, contando com a colaboração das polícias militares estaduais e dos chefes cangaceiros do Nordeste, perseguiram os rebeldes, sem terem conseguido derrotá-los.

---

[31] MOREIRA LIMA, Lourenço. *Op. cit.*, p. 500.

Alguns dias antes de ingressar na Bolívia, Prestes reuniu os soldados para explicar-lhes as razões da emigração: embora a Coluna não tivesse sido desbaratada nem derrotada, não fazia sentido continuar causando tantos sacrifícios às populações das regiões por onde os rebeldes passavam; um novo presidente já assumira o poder e havia chegado a hora, portanto, de buscar outros caminhos para dar prosseguimento à luta.

Foi um espetáculo impressionante e significativo: seiscentos e poucos homens (o que restara da Coluna), em andrajos, feridos e enfraquecidos, mas vitoriosos, a ouvir do seu comandante as razões por que as armas seriam ensarilhadas.

Apesar de todas as dificuldades, os revolucionários chegaram à Bolívia com o moral elevado, conscientes de que haviam cumprido o seu dever, sem nada receber em troca. Os comandantes e soldados da Coluna foram para o exílio num estado de absoluta pobreza, enquanto os generais e "coronéis" da "legalidade" tinham enchido os bolsos à custa do erário público, que lhes oferecera verbas generosas para liquidar os revoltosos.

A Coluna não fugiu; partiu organizada para a Bolívia, tendo repelido todas as investidas inimigas até os últimos dias do seu périplo[32] pelo Brasil. Na Bolívia, o comando da Coluna depôs armas voluntariamente e assinou uma ata conjunta com as autoridades daquele país. Feito o inventário, os rebeldes entregaram às autoridades bolivianas 90 fuzis Mauser, quatro metralhadoras pesadas (das quais, uma inutilizada) e dois fuzis-metralhadoras – quase todos descalibrados –, além de munição para 8 mil tiros. A Coluna, praticamente desarmada, contando com apenas 620 homens, havia vencido todos os embates com as forças governistas.

---

[32] Périplo: Viagem ou caminhada extensa.

Conclusão

(...)
Homens de ferro
curvos cansados.

Os pés afundam
no atoleiro
caminho de visgo,
o derradeiro.
(...)
Coluna, quem
quem te venceu?
Ninguém, ó filha
do povo meu.
(Jacinta Passos, "A Coluna")

Se o tenentismo foi o fruto mais evidente da crise da República Velha, a Coluna Prestes marcou a década de 1920 como o momento culminante das revoltas tenentistas, o episódio mais importante da saga dos "tenentes". Se os demais levantes tenentistas mostraram-se efêmeros e, por não conseguirem se consolidar, foram facilmente liquidados pelas forças governistas, a Coluna Prestes – à qual se somaram os rebeldes paulistas de julho de 1924 – manteve-se, durante 2 anos e 3 meses, percorrendo cerca de 25 mil quilômetros através de 13 Estados do Brasil.

A Coluna jamais foi derrotada, e combateu forças muitas vezes superiores em homens, armamento e apoio logístico. Os principais comandantes do Exército nacional não só não puderam desbaratar a Coluna Prestes, como também sofreram sérios revezes e pesadas perdas infligidos pelos rebeldes durante sua marcha. A Coluna, em seu périplo pelo Brasil, derrotou 18 generais.

Os 1,5 mil homens, que percorreram o país rebelados contra o governo oligárquico e despótico de Artur Bernardes, não só não foram esmagados, como também realizaram uma marcha de proporções inéditas na história mundial. E ainda introduziram uma nova forma de guerra, até então desconhecida na prática dos exércitos das nações americanas: a "guerra de guerrilhas", em que o movimento é a garantia da vitória e o imobilismo, o caminho da derrota.

Ao adotar a tática da "guerra de movimento", a Coluna Prestes garantiu a própria sobrevivência em condições que lhe eram extremamente desfavoráveis. E, mais, transformou-se num exército com características populares, cuja marcha pelo Brasil foi decisiva para que a chama da revolução tenentista se mantivesse acesa.

A Coluna Prestes foi uma marcha militar, mas adquiriu algumas características de movimento popular: a maioria esmagadora de seus soldados era gente simples do povo (e, entre os rebeldes, havia umas 50 mulheres), principalmente trabalhadores do campo, analfabetos ou semianalfabetos, que combatiam com grande heroísmo e abnegação, confiando em seus comandantes e acompanhando-os com enorme entusiasmo. A própria convivência prolongada nas fileiras da Coluna levou ao surgimento de um novo moral – o moral do combatente da Coluna, que lutava pela liberdade e pela justiça para o povo brasileiro, ainda que esses conceitos fossem vagos e imprecisos na mente de homens humildes e rudes.

Além de forjar um novo tipo de combatente, de soldado da liberdade, que se batia por um ideal, a marcha também formou líderes de envergadura – o mais destacado foi, indiscutivelmente, Luiz Carlos Prestes –, que, com o prestígio adquirido na Coluna, vieram a influir decisivamente nos acontecimentos posteriores.

O internamento da Coluna Prestes na Bolívia e a suspensão da censura à imprensa, no início do governo de Washington Luís, permitiram que a opinião pública nacional tomasse conhecimento do que efetivamente fora a epopeia de Prestes e seus soldados. O interesse e a curiosidade, estimulados pela repressão durante os anos de rigorosa censura e total arbítrio, eram enormes. Naquele momento, deu-se uma explosão jornalística, com reportagens e mais reportagens, entrevistas e mais entrevistas estampadas nas páginas dos principais jornais tanto da oposição quanto da própria situação. Tudo isso provocou uma nova onda de entusiasmo revolucionário nas populações das grandes cidades.

A vibração das camadas médias urbanas pela figura de Prestes parecia não ter limites. Surgia e consolidava-se a imagem do Cavaleiro da Esperança, cujo "gênio" era glorificado em incontáveis editoriais, reportagens e artigos publicados nos jornais daquele período. Prestes virou mito: sua figura passou a encarnar todas as esperanças das populações urbanas, ansiosas por mudanças que não sabiam definir ao certo, mas confiantes de que o Cavaleiro da Esperança saberia conduzir o país pelo caminho de sua libertação e prosperidade.

As camadas médias urbanas da época encontravam-se inteiramente dependentes, do ponto de vista ideológico, da classe dominante. Portanto, o único caminho de luta que se vislumbrava era o da espera de um grande homem que fosse capaz de mudar o Brasil. Prestes seria o grande homem, o "salvador" que empolgaria as populações urbanas, incluindo setores da classe operária, que admiravam os rebeldes por eles terem pegado em armas para combater o governo despótico de Artur Bernardes. A descrença nos políticos profissionais e nas suas promessas contribuía para que o prestígio de Prestes e de alguns outros chefes revolucionários se tornasse ainda maior.

Diante desse novo quadro político, que ia se configurando a partir de 1927, as forças de oposição ao governo federal compreenderam que havia chegado o momento de se articularem em nível nacional, tirando proveito do espaço político aberto pelos levantes tenentistas e pela marcha da Coluna Prestes. Afinal, embora esses eventos tivessem sacudido o país, não haviam logrado golpear o monopólio do poder concentrado nas mãos das oligarquias dominantes de São Paulo e Minas Gerais.

Ao mesmo tempo, o imenso prestígio da Coluna e, principalmente, de Luiz Carlos Prestes permitia transformar seus nomes numa bandeira capaz de empolgar a opinião pública, atraindo-a para os objetivos dos grupos oligárquicos dissidentes. Vale observar que tais grupos pretendiam alcançar mudanças no sistema político de dominação, mas sem correrem o risco de que o descontentamento popular pudesse ameaçar os interesses e privilégios da classe dominante como um todo. Tratava-se de reformar a República para conservá-la.

Avizinhava-se a sucessão presidencial de Washington Luís, marcada para 1º de março de 1930. O político paulista, representante dos interesses dominantes do seu Estado, recusara-se a aceitar o governador mineiro Antônio Carlos Ribeiro de Andrada como seu sucessor no governo federal. Rompiam-se assim as regras de revezamento de presidentes paulistas e mineiros, estabelecidas pela "política do café com leite". Isso abriu espaço para a formação de uma coligação de forças oligárquicas dissidentes, composta principalmente pelos representantes de Minas Gerais, Rio Grande do Sul e Paraíba. Em junho de 1929, nasceu a Aliança Liberal – coligação eleitoral em torno do nome do gaúcho Getúlio Vargas, lançado candidato à Presidência da República.

O programa da Aliança Liberal era basicamente o mesmo que já vinha sendo agitado pelas forças oposicionistas durante a década de 1920. Mas, agora, a campanha presidencial servia-se das bandeiras do tenentismo e, principalmente, do nome de Prestes e do prestígio adquirido por ele e pela Coluna Invicta. As populações das grandes

Jaguncinho, o mascote da Coluna, era natural de São Luís Gonzaga e tinha cerca de 12 anos por ocasião da marcha

Luiz Carlos Prestes e integrantes da Coluna na localidade boliviana de Gaiba, em fevereiro de 1927; Rafael Correia de Oliveira (a partir da direita, o quarto homem em pé), enviado de *O Jornal*, foi o primeiro jornalista a entrevistar Prestes na Bolívia

Combatentes do 3º destacamento da Coluna Prestes, cujos nomes não foi possível apurar

cidades brasileiras foram tomadas de grande entusiasmo pela Aliança Liberal, acreditando que Prestes estaria ao lado de Getúlio Vargas. Na verdade, desde o exílio na Bolívia e depois na Argentina, Prestes começara a estudar o marxismo e estabelecera contato com os comunistas. A situação de miséria e abandono da maioria do povo brasileiro, constatada durante a marcha da Coluna, havia causado um grande impacto no Cavaleiro da Esperança, levando-o a buscar no estudo da teoria a explicação para as causas dessa situação e a solução para a mesma. Ao cabo de um duro processo de revisão de suas concepções ideológicas e políticas, Prestes chegou à conclusão de que apenas no marxismo seria possível achar respostas racionais para os problemas que o preocupavam; e a resposta, em última instância, se resumia na necessidade de encontrar o caminho para a revolução socialista no Brasil.

As consequências lógicas da nova postura ideológica de Prestes foram a sua adesão ao programa dos comunistas e, após infrutíferas tentativas de conquistar a adesão de alguns ex-companheiros do movimento tenentista, sua decisão de romper publicamente com eles, já em maio de 1930. Prestes nunca chegou a apoiar a Aliança Liberal ou a candidatura de Vargas. Apesar disso, antes do rompimento oficial, os políticos comprometidos com os interesses das oligarquias dissidentes aproveitaram-se das dificuldades de comunicação então existentes e utilizaram amplamente o enorme prestígio do Cavaleiro da Esperança para fortalecer suas próprias posições.

Assim, enquanto Prestes aderia ao comunismo – mostrando, ao mesmo tempo, que a vitória de Getúlio Vargas significaria a mera substituição de uns grupos oligárquicos por outros no poder, fato que em nada contribuiria para a solução dos graves problemas da imensa maioria do povo brasileiro –, os "tenentes" se deixavam envolver pela campanha da Aliança Liberal. Na verdade, o tenentismo foi um movimento ideologicamente caudatário da classe dominante (o que se explica pelas suas próprias raízes sociais), que demonstrou ser incapaz de evoluir para uma postura autônoma de liderança efetiva dos interesses populares.

No momento de aguçamento das contradições sociais, como foi a conjuntura do final da década de 1920, extremamente agravada pela crise econômica mundial de outubro de 1929, os "tenentes" acabaram absorvidos pelas oligarquias dissidentes: foram habilmente utilizados, sendo mantidos numa posição subordinada em relação aos líderes da Aliança Liberal. Com a derrota de Vargas nas eleições de março de 1930 e o ulterior desencadeamento do movimento armado de outubro daquele ano, os "tenentes" também assumiriam um papel caudatário em relação aos líderes da chamada "Revolução de 30".

A vitória de Getúlio Vargas em outubro de 1930 resultaria não tanto da participação dos "tenentes" no movimento armado que derrubou Washington Luís, mas de um complexo de circunstâncias históricas; e, dentre elas, os levantes tenentistas ocorridos durante toda a década e, em particular, a Coluna Prestes desempenharam um papel decisivo para abalar os alicerces da República Velha.

A Coluna Prestes e os movimentos dos "tenentes" sacudiram o país e empolgaram as populações urbanas, o que foi usado com habilidade pelas oligarquias dissidentes, ansiosas por mudanças no sistema político dominante, que lhes permitissem aumentar seu poder decisório na vida nacional. Com a vitória da chamada "Revolução de 30", esse objetivo seria alcançado.

Os soldados da Coluna foram os verdadeiros desbravadores do caminho que levou ao solapamento dos alicerces da República Velha. A Coluna Prestes e a "Revolução de 30" constituem dois momentos de um mesmo processo histórico, que conduziu a profundas transformações na vida nacional, contribuindo para que, na década de 1930, o desenvolvimento capitalista do país adquirisse um novo e importante impulso.

Em 28 de outubro de 1984, data do sexagésimo aniversário do levante do 1º Batalhão Ferroviário de Santo Ângelo, Luiz Carlos Prestes foi homenageado por um grupo de ex--combatentes da Coluna, que, em formação militar, bateu continência ao seu "general". Após passar a pequena tropa em revista, o Cavaleiro da Esperança, profundamente comovido, condecorou cada homem com um lenço vermelho, o símbolo dos maragatos e dos rebeldes da Coluna. A partir da esquerda, aparecem os ex-combatentes Aparício Gonçalves de Mello, Nélson Machado, Prestes (sem o lenço), Quintino Antônio de Aguiar, Santo Izolan, Manuel José da Silva, Avelino Pedroso de Lima e Hermogêneo Dias Messa; no fundo, estão o professor Clóvis Apolo Mitri, na ocasião diretor da Fundação Missioneira de Ensino Superior, e o doutor Accácio Salvador Caldeira, advogado e assessor de Prestes

Cronologia

1922

• 1º de março: eleição de Artur Bernardes para a Presidência da República e derrota de Nilo Peçanha, candidato da coligação oposicionista Reação Republicana;

• 25 de março: fundação do Partido Comunista do Brasil (PCB);

• 5 de julho: levante do Forte de Copacabana e episódio dos 18 do Forte;

• 15 de novembro: posse de Artur Bernardes na Presidência da República.

1923

• De 23 de janeiro a 14 de dezembro: "Revolução de 23" no Rio Grande do Sul: luta armada dos partidários de Assis Brasil – os chamados "libertadores" ou "maragatos" – contra Borges de Medeiros, reeleito governador do Estado em eleições fraudulentas.

1924

• 5 de julho: início da Rebelião de São Paulo, sob o comando do general Isidoro Dias Lopes e do major da Força Pública Miguel Costa;

• 27 de julho: retirada dos rebeldes, que abandonaram a capital paulista e marcharam rumo ao oeste do Paraná, descendo o Rio Paraná;

• 28 de outubro: início do levante de várias unidades militares no Rio Grande do Sul, contando com o apoio de diversos caudilhos maragatos;

• 11 de novembro: morre em combate o tenente Aníbal Benévolo, principal articulador do levante militar no Rio Grande do Sul, ao tentar tomar a cidade de Itaqui (RS);

• 2 de dezembro: combate de Tupaceretã (RS), em que as tropas rebeldes, comandadas pelo coronel Luiz Carlos Prestes, tentam (e não conseguem) se apoderar do armamento existente nessa localidade;

• 27 de dezembro: rompimento do cerco de São Luís Gonzaga (RS) pelas tropas rebeldes, sob o comando de Luiz Carlos Prestes; foi a primeira vitória importante da recém-constituída Coluna Prestes.

1925

• 3 de janeiro: combate da Ramada (RS), vitória importante da Coluna Prestes, que lhe abriu caminho para marchar para o norte;

• 27 de janeiro: morre numa emboscada o tenente Mário Portela Fagundes, o mais próximo auxiliar de Prestes na campanha militar do Rio Grande do Sul;

• 7 de fevereiro: chegada da Coluna Prestes a Barracão (PR);

• 29 de março: derrota dos rebeldes paulistas em Catanduvas (PR);

• 11 de abril: encontro dos rebeldes paulistas com a Coluna Prestes, em Benjamim Constant (PR);

• 12 de abril: reunião do comando dos rebeldes paulistas, com a presença de Luiz Carlos Prestes, em Foz do Iguaçu (PR); a proposta de continuar a luta, defendida por Prestes, sai vitoriosa;

• de 27 a 29 de abril: a Coluna Prestes, reorganizada com a incorporação dos rebeldes paulistas, realiza a travessia do Rio Paraná, entre Porto Mendes (PR) e Porto Adela, no Paraguai;

• 3 de maio: A Coluna Prestes ingressa em Mato Grosso;

• de 13 a 15 de maio: combate nas cabeceiras do Rio Apa, quando a Coluna Prestes consegue driblar o ataque das forças governistas comandadas pelo major Bertoldo Klinger;

• início de junho: reorganização da Coluna Prestes, em Jaraguari (MT);

• 30 de junho: combate de Zeca Lopes (GO), em que a Coluna perde muitos combatentes;

• 5 de julho: passagem da Coluna por Rio Bonito (hoje Caiapônia, GO), onde é comemorado o aniversário dos primeiros levantes tenentistas;

• 16 de outubro: a Coluna Prestes chega a Porto Nacional (GO), sendo recebida pelo frei José Audrin, superior do convento dominicano da cidade;

• 19 de novembro: a população de Carolina (MA) recebe festivamente a Coluna;

• 31 de dezembro: tendo chegado a Teresina (PI), a Coluna decide marchar rumo ao Ceará; Juarez Távora é preso.

1926

• Janeiro: a Coluna Prestes atravessa o Piauí em direção ao Ceará;

• 20 de janeiro: Prestes é promovido a general comissionado pelo comandante Miguel Costa;

• 26 de janeiro: a Coluna reúne todos os seus destacamentos em Arneiroz (CE) e segue rumo a Pernambuco, com o objetivo de auxiliar o levante programado nesse Estado pelo tenente Cleto Campello;

• 9 de fevereiro: passagem da Coluna pela vila de Piancó (PB), local do ataque traiçoeiro dos capangas do padre e cangaceiro Aristides Ferreira da Cruz, que é justiçado pelos rebeldes;

• 14 de fevereiro: combate de Carneiro (PE), em que os rebeldes destroçam completamente a tropa inimiga;

• fevereiro: fracassa o levante do tenente Cleto Campello em Pernambuco; seus chefes são barbaramente trucidados;

• 25 e 26 de fevereiro: a Coluna Prestes, sob fogo inimigo, consegue atravessar o Rio São Francisco na localidade de Jatobá (hoje Petrolândia) e ingressa na Bahia;

• março e abril: travessia da Bahia, rumo ao sul, sob permanente fogo inimigo, principalmente dos jagunços dos "coronéis" nordestinos;

UMA EPOPEIA BRASILEIRA: A COLUNA PRESTES

• 19 de abril: a Coluna Prestes ingressa no Norte de Minas Gerais, ameaçando Montes Claros; diante da pressão inimiga, realiza a famosa manobra do "laço húngaro";

• 30 de abril: a Coluna reingressa novamente na Bahia, marchando agora para o norte;

• 2 de julho: travessia do Rio São Francisco, em Rodelas, visando atingir novamente Goiás e Mato Grosso com o objetivo de marchar para o exílio;

• 20 de agosto: a Coluna encontra-se novamente em Goiás e, sempre perseguida pelas tropas governistas, marcha rumo à Bolívia;

• 15 de novembro: toma posse o novo presidente da República, Washington Luís, eleito em 1º de março de 1926.

1927

• 3 de fevereiro: a Coluna ingressa na Bolívia, onde depõe armas perante as autoridades bolivianas.

Bibliografia comentada

CAMARGO, Aspásia e GÓES, Walder de (org.). *Meio século de combate: diálogo com Cordeiro de Farias*. Rio de Janeiro, Nova Fronteira, 1981.
Depoimento sobre a trajetória da vida de um dos mais destacados participantes do movimento tenentista. As entrevistas foram concedidas ao CPDOC/FGV.

CARONE, Edgard. *O tenentismo*. São Paulo, Difel, 1975.
Importante obra de referência, com documentos sobre o tenentismo.
_____. *A República Velha – II: evolução política (1889-1930)*. São Paulo, Difel, 1977.
Texto de consulta geral sobre a República Velha, indispensável para quem estuda esse período da história.

CHEVALIER, Carlos. *Os Dezoito do Forte*. Rio de Janeiro, s.e., 1930.
Livro de um dos participantes do movimento tenentista, no qual se encontra reproduzido o célebre poema "Os Dezoito do Forte".

CORRÊA, Anna Maria Martinez. *A Rebelião de 1924 em São Paulo*. São Paulo, Hucitec, 1976.
Obra de pesquisa acadêmica, fundamental para entender as motivações e implicações dessa rebelião tenentista.

DANTAS, José Ibarê Costa. *O tenentismo em Sergipe*. Petrópolis, Vozes, 1974.
Por meio da análise das revoltas tenentistas em Sergipe, essa pesquisa acadêmica ajuda a entender melhor as características do tenentismo.

FAUSTO, Boris. *A Revolução de 1930: historiografia e história*. São Paulo, Brasiliense, 1970.
Indispensável para o estudo da "Revolução de 30", essa obra apresentou teses inovadoras à época em que foi lançada.

FORJAZ, Maria Cecília Spina. *Tenentismo e política: tenentismo e camadas médias urbanas na crise da Primeira República*. Rio de Janeiro, Paz e Terra, 1977.
Obra importante no conjunto dos estudos sobre o tenentismo.

LANDUCCI, Ítalo. *Cenas e episódios da revolução de 1924 e da Coluna Prestes*. 2ª ed., São Paulo, Brasiliense, 1952.
Recordações de um dos comandantes da Coluna Prestes, num texto muito dinâmico e interessante, que transmite a ideia da vida nas fileiras da Coluna.

LINS DE BARROS, João Alberto. *Memórias de um revolucionário – Parte I: a marcha da Coluna*. Rio de Janeiro, Civilização Brasileira, 1953.
Livro de memórias de um dos comandantes da Coluna Prestes; obra de caráter parcial e nada documentada.

MORAES, Dênis de e VIANA, Francisco. *Prestes: lutas e autocríticas*. Petrópolis, Vozes, 1982.

Depoimento de Luiz Carlos Prestes concedido a dois jornalistas; o livro se caracteriza pelo tratamento inadequado e deficiente dado ao depoimento oral do entrevistado.

MOREIRA LIMA, Lourenço. *A Coluna Prestes – marchas e combates*. São Paulo, Alfa-Omega, 1979.

Trata-se do diário da marcha da Coluna, escrito pelo seu secretário. É o documento original mais importante a respeito da Coluna Prestes. Livro indispensável para quem deseja conhecer os detalhes da epopeia tenentista e o cotidiano da marcha.

PASSOS, Jacinta. *A Coluna (poema em quinze cantos)*. Rio de Janeiro, A. Coelho Branco Filho, 1957.

Belíssimo poema, inspirado na epopeia da Coluna Prestes.

PRESTES, Anita Leocadia. *A Coluna Prestes*. São Paulo, Brasiliense, 1990.

A mais completa obra de pesquisa sobre a Coluna Prestes, abordando diversos aspectos desse movimento, assim como do tenentismo. Utiliza amplamente depoimentos de Luiz Carlos Prestes concedidos à autora.

_____. *Os militares e a Reação Republicana – as origens do tenentismo*. Petrópolis, Vozes, 1994.

Trabalho de pesquisa acadêmica sobre as ligações dos militares com a campanha da Reação Republicana e as origens do movimento tenentista.

SANTA ROSA, Virgínio. *O sentido do tenentismo*. São Paulo, Alfa-Omega, 1976.

Publicada em 1933, trata-se de uma obra pioneira de interpretação do tenentismo; leitura obrigatória para quem se interessa pela historiografia desse movimento.

SODRÉ, Nélson Werneck. *A Coluna Prestes: análise e depoimentos*. Rio de Janeiro, Civilização Brasileira, 1978.

Reúne depoimentos de participantes da Coluna Prestes e uma análise do autor.

TÁVORA, Juarez. *Uma vida e muitas lutas – memórias*. V. 1 e 2, Rio de Janeiro, José Olympio, 1973/1974; V. 3, Rio de Janeiro, Biblioteca do Exército, 1977.

Obra memorialística em que o autor dedica pouca atenção à Coluna Prestes.